DICTION COACH
ARIAS FOR
TENOR

International Phonetic Alphabet and Diction Lessons
Recorded by a Professional, Native Speaker Coach

Diction Recordings

Corradina Caporello, Italian
Kathryn LaBouff, English
Gina Levinson, Russian
Irene Spiegelman, German
Pierre Vallet, French

International Phonetic Alphabet

Martha Gerhart, Italian and French
David Ivanov, Russian
Kathryn LaBouff, English
Irene Spiegelman, German

This Diction Coach includes all arias from *Arias for Tenor* (HL50481099).
For plot notes and line-by-line translations, please see the original aria collection.

ED 4405

On the cover: "L'opéra de Paris" by Raoul Dufy
Used by permission of The Phillips Collection, Washington D.C.

ISBN 978-1-4234-1310-3

www.schirmer.com
www.halleonard.com

G. SCHIRMER, *Inc.*

DISTRIBUTED BY

HAL•LEONARD®
CORPORATION
7777 W. BLUEMOUND RD. P.O. BOX 13819 MILWAUKEE, WI 53213

PREFACE

What a wonderful opportunity for singers these volumes represent. The diction coaches recorded on the companion CDs are from the staffs of the Metropolitan Opera and The Julliard School, whose specialty is working with singers. I personally have had the opportunity to study Italian with Ms. Caporello and have experienced the sheer delight of learning operatic texts with a linguist who is devoted to the art of singing.

There are two versions of the text recorded for each aria.

1. Recitation

The Coach speaks the text of the aria as an actor would speak it, using spoken diction and capturing the mood. The guttural "R" is pronounced as in speech in French and German. Even in these free recitations, these experienced coaches are obviously informed as to how the text relates to the musical setting.

2. Diction Lessons

Dividing the text of the aria into short phrases, the coach speaks a line at a time very slowly and deliberately, without interpretation, making each word sound distinct. Time is allowed for the repetition of each phrase. In this slow version the French and German coaches adapt the guttural "R" in a manner appropriate for opera singers. The coaches in all languages make small adjustments recommended for singers in these slowly enunciated diction lessons, including elisions and liaisons between word sounds as related to the sung phrase.

There is not one universally used approach to International Phonetic Alphabet. The article before each language should be studied carefully for comprehension of the specific approach to IPA for each language in this edition.

The diction recordings can be used in many ways but a highly recommended plan is this. After carefully working regularly with the recorded diction lesson and the related IPA over several days, one should be able to reach fluency in the aria text. As an exercise separate from singing the aria, the singer should then speak the text freely, as in the diction coach's recitation. The singer likely will be inspired by the recitations recorded by the diction coaches, but after pronunciation is mastered might even begin to discover informed and individual interpretations in reciting the aria text.

By paying attention to the libretto of an aria, or an entire role, apart from the music, the opera singer can begin to understand character and interpretation in a way that would not be possible if the text is only considered by singing it. Just as an actor explores a script and a character from various historical, intellectual and emotional angles, so must the opera singer. Understanding the stated and unstated meanings of the text is fundamental in becoming a convincing actor on the opera stage, or on the opera audition stage. But the opera singer is only half done. After a thorough exploration of the words, one must discover how the composer interpreted the text and how best to express that interpretation. In great music for the opera stage, that exploration can be a fascinating lifetime journey.

Robert L. Larsen
June, 2008

CONTENTS

CD TRACK LIST
DISC ONE

CD TRACK LIST
DISC TWO

		Recitation	Diction Lesson
Arias in French			
28	About French IPA		
	CARMEN		
30	La fleur que tu m'avais jetée	1	2
	FAUST		
31	Salut! demeure chaste et pure	3	4
	MANON		
33	En fermant les yeux	5	6
	LES PÊCHEURS DE PERLES		
35	Je crois entendre encore	7	8
	LE ROI D'YS		
36	Vainement, ma bien-aimée	9	10
	WERTHER		
37	Pourquoi me réveiller	11	12
Arias in German			
39	About German IPA		
	DIE ENTFÜHRUNG AUS DEM SERAIL		
42	O wie ängstlich	13	14
43	Frisch zum Kampfe!	15	16
	DIE LUSTIGEN WEIBER VON WINDSOR		
43	Horch, die Lerche	17	18
	MARTHA		
44	Ach, so fromm	19	20
	DIE ZAUBERFLÖTE		
46	Dies Bildnis ist bezaubernd schön	21	22
Arias in English			
47	About English IPA		
	PAUL BUNYAN		
49	Inkslinger's Song	23	24
	THE SAINT OF BLEECKER STREET		
51	I know that you all hate me	25	26
	STREET SCENE		
53	Lonely House	27	28
	THE TEMPEST		
55	Be not afeard	29	30
	VANESSA		
56	Outside this house	31	32
Aria in Russian			
57	About Russian IPA		
	EUGENE ONEGIN		
58	Lenski's Aria	33	34

ABOUT THE ITALIAN IPA TRANSLITERATIONS
by Martha Gerhart

While the IPA is currently the diction learning tool of choice for singers not familiar with the foreign languages in which they sing, differences in transliterations exist in diction manuals and on the internet, just as differences of pronunciation exist in the Italian language itself.

The Italian transliterations in this volume reflect the following choices:

All unstressed "e's" and "o's" are *closed*. This choice is based on the highest form of the spoken language, as in the authoritative Italian dictionary edited by Zingarelli. However, in practice, singers may well make individual choices as to *closed* or *open* depending upon the vocal tessitura and technical priorities.

Also, there are many Italian words (such as "sento," "cielo," and etc.) for which, in practice, both *closed* and *open* vowels in the *stressed* syllable are perfectly acceptable.

The "nasal 'm'" symbol [ɱ], indicating that the letter "n" assimilates before a "v" or an "f" (such as "inferno" becoming [im ˈfɛr no] in execution, is not used in these transliterations. This choice was a practical one to avoid confusion on the part of the student who might wonder why "in" is transcribed as if it were "im," unlike in any dictionary. However, students are encouraged to use the [ɱ] as advised by experts.

Double consonants which result, in execution, from *phrasal doubling* (*raddoppiamento sintattico*) are not transliterated as such; but students should utilize this sophistication of Italian lyric diction as appropriate.

The syllabic divisions in these transliterations are in the interest of encouraging the singer to lengthen the vowel before a single consonant rather than making an incorrect double consonant, and also to encourage the singer, when there are two consonants, the first of which is *l, m, n,* or *r*, to give more strength to the first of those two consonants.

Intervocalic "s's" are transliterated as *voiced*, despite the fact that in many words ("casa," "così," etc.) the "s" is *unvoiced* in the language (and in the above-mentioned dictionary). Preferred practice for singers is to *voice* those "s's" in the interest of legato; yet, an unvoiced "s" pronunciation in those cases is not incorrect. (*Note*: words which combine a prefix and a stem beginning with an unvoiced "s" ["risolvi," "risanare," etc.] retain the unvoiced "s" of the prefix in singing as well as in speech.)

Many Italian words have alternate pronunciations given in the best dictionaries, particularly regarding closed or open vowels. In my IPA transliterations I chose the first given pronunciation, which is not always the preferred pronunciation in common Italian usage as spoken by Corradina Caporello on the accompanying CDs. I defer to my respected colleague in all cases for her expert pronunciation of beautiful Italian diction.

Pronunciation Key

IPA Symbol	Approximate sound in English	IPA Symbol	Approximate sound in English
[i]	feet	[s]	set
[e]	potato	[z]	zip
[ɛ]	bed	[l]	lip
[a]	father	[ʎ]	million
[ɔ]	taut		
[o]	tote	[ɾ]	as British "very" – flipped "r"
[u]	tube	[r]	no English equivalent – rolled "r"
[j]	Yale		
[w]	watch	[n]	name
		[m]	mop
[b]	beg	[ŋ]	anchor
[p]	pet	[ɲ]	onion
[d]	deep	[tʃ]	cheese
[t]	top	[dʒ]	George
[g]	Gordon	[dz]	feeds
[k]	kit	[ts]	fits
[v]	vet		
[f]	fit	[:]	indicates doubled consonants
[ʃ]	she	[ˈ]	indicates the primary stress; the syllable following the mark is stressed

L'ARLESIANA

music: Francesco Cilèa

libretto: Leopoldo Marenco (after Alphonse Daudet's drama *L'Arlésienne*)

È la solita storia del pastore

ɛ	la	ˈsɔ li ta	ˈstɔ ɾja	del	pa ˈsto ɾe
È	**la**	**solita**	**storia**	**del**	**pastore...**
it is	*the*	*usual*	*story*	*of the*	*shepherd*

il	ˈpɔ ve ɾo	ra ˈgat: tso	vo ˈle vo	rak: kon ˈtar la
Il	**povero**	**ragazzo**	**volevo**	**raccontarla**
the	*poor*	*fellow*	*wanted*	*to recount it*

e	sad: dor ˈmi
e	**s'addormì.**
and	*he fell asleep*

tʃɛ	nel	ˈson: no	lo ˈbli o
C'è	**nel**	**sonno**	**l'oblio.**
there is	*in the*	*sleep*	*the oblivion*

ˈko me	lin ˈvi djo
Come	**l'invidio!**
how	*him I envy*

aŋ ˈki o	vor: ˈrɛ i	dor ˈmir	ko ˈzi
Anch'io	**vorrei**	**dormir**	**così,**
also I	*[I] would like*	*to sleep*	*thus*

nel	ˈson: no	al ˈmen	lo ˈbli o	tro ˈvar
nel	**sonno**	**almen**	**l'oblio**	**trovar!**
in the	*sleep*	*at least*	*the oblivion*	*to find*

la	ˈpa tʃe	sol	tʃer ˈkan do	ˈi o	vɔ
La	**pace**	**sol**	**cercando**	**io**	**vo'.**
the	*peace*	*only*	*searching for*	*I*	*[I] go*

vor: ˈrɛ i	po ˈter	ˈtut: to	skor ˈdar
Vorrei	**poter**	**tutto**	**scordar!**
I should like	*to be able*	*everything*	*to forget*

pur	ˈoɲ: ɲi	ˈsfor tso	ɛ	ˈva no
Pur	**ogni**	**sforzo**	**è**	**vano.**
yet	*every*	*effort*	*is*	*in vain*

da ˈvan ti	ɔ	ˈsɛm pre
Davanti	**ho**	**sempre**
in front	*I have*	*always*

di	ˈlɛ i	il	ˈdol tʃe	sem ˈbjan te
di	**lei**	**il**	**dolce**	**sembiante.**
of	*her*	*the*	*sweet*	*countenance*

la	ˈpa tʃe	ˈtɔl ta	ɛ	ˈsɛm pre	a	me
La	**pace**	**tolta**	**è**	**sempre**	**a**	**me.**
the	*peace*	*taken away*	*is*	*forever*	*from*	*me*

per ˈke	dɛd: ˈdʒi o	ˈtan to	pe ˈnar
Perchè	**degg'io**	**tanto**	**penar?**
why	*must I*	*so much*	*[to] suffer*

ˈlɛ i	ˈsɛm pre	ˈlɛ i	mi	ˈpar la	al	kɔr
Lei!	**sempre**	**lei**	**mi**	**parla**	**al**	**cor**
her	*always*	*her*	*to me*	*speak*	*in the*	*heart*

fa 'ta le   vi 'zjon   mi   'laʃ: ʃa
Fatale   **vision,**   **mi**   **lascia!**
fatal   *vision*   *me*   *leave*

mi   'fa i   'tan to   'ma le
Mi   **fai**   **tanto**   **male!**
to me   *you do*   *so much*   *hurt*

a i 'mɛ
Ahimè!
alas

IL BARBIERE DI SIVIGLIA

music: Gioachino Rossini
libretto: Cesare Sterbini (after *Le Barbier de Séville,* a comedy by Pierre Augustin Caron de Beaumarchais)

Ecco ridente in cielo

'ɛk: ko   ri 'dɛn te   in   'tʃɛ lo
Ecco   **ridente**   **in**   **cielo**
here   *smiling*   *in*   *sky*

'spun ta   la   'bɛl: la   a u 'rɔ ɾa
spunta   **la**   **bella**   **aurora,**
appears   *the*   *beautiful*   *dawn*

e   tu   non   'sor dʒi   aŋ 'ko ɾa
e   **tu**   **non**   **sorgi**   **ancora,**
and   *you*   *not*   *[you] rise*   *yet*

e   'pwɔ i   dor 'mir   ko 'zi
e   **puoi**   **dormir**   **così?**
and   *you are able*   *to sleep*   *thus*

'sor dʒi   'mi a   'dol tʃe   'spɛ me
Sorgi,   **mia**   **dolce**   **speme.**
get up   *my*   *sweet*   *hope*

'vjɛ ni   bɛl: 'li dol   'mi o
Vieni,   **bell'idol**   **mio.**
come   *beautiful idol*   *mine*

'rɛn di   men   'kru do   o   'di o
Rendi   **men**   **crudo,**   **oh**   **Dio!**
make   *less*   *cruel*   *oh*   *God*

lo   stral   ke   mi   fe 'ri
lo   **stral**   **che**   **mi**   **ferì.**
the   *arrow*   *which*   *me*   *wounded*

o   'sɔr te
Oh   **sorte!**
oh   *fortune*

dʒa   'veg: go   kwel   'ka ɾo   sem 'bjan te
Già   **veggo**   **quel**   **caro**   **sembiante;**
already   *I see*   *that*   *dear*   *countenance*

kwe 'sta ni ma   a 'man te   ot: 'ten: ne   pje 'ta
quest'anima   **amante**   **ottenne**   **pietà!**
this soul   *loving*   *obtained*   *pity*

o   i 'stan te   da 'mo ɾe
Oh   istante   d'amore!
oh   instant   of love

fe 'li tʃe   mo 'men to
Felice   momento!
happy   moment

o   'dol tʃe   kon 'tɛn to
Oh   dolce   contento
oh   sweet   contentment

ke   e 'gwal   nɔ   non   a
che   egual,   no,   non   ha!
which   equal   no   not   it has

LA BOHÈME

music: Giacomo Puccini
libretto: Luigi Illica and Giuseppe Giacosa (after the novel *Scènes de la Vie de Bohème* by Henri Murger)

Che gelida manina

ke   'dʒɛ li da   ma 'ni na
Che   gelida   manina—
what   icy cold   little hand

se   la   'laʃ: ʃi   ri skal 'dar
se   la   lasci   riscaldar.
if   it   you may allow   to warm up

tʃer 'kar   ke   'dʒo va
Cercar   che   giova?
to search for   what   it is of use

al   'bu jo   non   si 'trɔ va
Al   buio   non   si trova.
in the   dark   not   it is to be found

ma   per   for 'tu na   ɛ   'u na   'nɔt: te   di   'lu na
Ma   per   fortuna   è   una   notte   di   luna,
but   through   [good] fortune   it is   a   night   of   moon[light]

e   kwi la   'lu na   lab: 'bja mo   vi 'tʃi na
e   qui   la   luna   l'abbiamo   vicina.
and   here   the   moon   it we have   close by

a 'spɛt: ti   siɲ: ɲo 'ri na
Aspetti,   signorina—
wait   young lady

le   di 'rɔ   kon   'du e   pa 'rɔ le
le   dirò   con   due   parole
to you   I will tell   with   two   words

ki   son   e   ke   'fat: tʃo   'ko me   'vi vo
chi   son,   e   che   faccio,   come   vivo.
who   I am   and   what   I do   how   I live

'vwɔ le
Vuole?
do you wish

ki   son   'so no   un   po 'ɛ ta
Chi   son?   Sono   un   poeta.
who   I am   I am   a   poet

ke	'kɔ za	'fat: tʃo	'skri vo
Che	**cosa**	**faccio?**	**Scrivo.**
what	*thing*	*I do*	*I write*

e	'ko me	'vi vo	'vi vo
E	**come**	**vivo?**	**Vivo.**
and	*how*	*I live*	*I live*

in	po ver 'ta	'mi a	'ljɛ ta
In	**povertà**	**mia**	**lieta**
in	*poverty*	*mine*	*happy*

'ʃa lo	da	gran	siɲ: 'ɲo ɾe
scialo	**da**	**gran**	**signore**
I squander	*as*	*grand*	*lord*

'ri me	e 'din: ni	da 'mo ɾe
rime	**ed inni**	**d'amore.**
rhymes	*and hymns*	*of love*

per	'soɲ: ɲi	e	per	ki 'mɛ ɾe
Per	**sogni**	**e**	**per**	**chimere**
through	*dreams*	*and*	*through*	*fantasies*

e	per	ka 'stɛl: li	in	'a ɾja
e	**per**	**castelli**	**in**	**aria,**
and	*through*	*castles*	*in*	*air*

'la ni ma	ɔ	mi ljo 'na ɾja
l'anima	**ho**	**milionaria.**
the soul	*I have*	*millionaire*

ta 'lor	dal	'mi o	for 'tsjɛ ɾe
Talor	**dal**	**mio**	**forziere**
at times	*from the*	*my*	*coffer*

'ru ban	'tut: ti	i	dʒo 'jɛl: li	'du e
ruban	**tutti**	**i**	**gioielli**	**due**
they rob	*all*	*the*	*jewels*	*two*

'la dri:	ʎi	'ɔk: ki	'bɛl: li
ladri:	**gli**	**occhi**	**belli.**
thieves	*the*	*eyes*	*beautiful*

ven 'trar	kon	'vo i	pur	'o ɾa
V'entrar	**con**	**voi**	**pur**	**ora,**
there they entered	*with*	*you*	*also*	*now*

e di	'mjɛ i	'soɲ: ɲi	u 'za ti
ed i	**miei**	**sogni**	**usati**
and the	*my*	*dreams*	*usual*

e	i	'bɛ i	'soɲ: ɲi	'mjɛ i
e	**i**	**bei**	**sogni**	**miei**
and	*the*	*beautiful*	*dreams*	*mine*

'tɔ sto	si di le 'gwar
tosto	**si dileguar!**
at once	*disappeared*

ma	il	'fur to	non	mak: 'kɔ ɾa
Ma	**il**	**furto**	**non**	**m'accora**
but	*the*	*theft*	*not*	*breaks my heart*

po i ˈke va ˈpre zo ˈstan tsa
poichè v'ha preso stanza
since there has taken place

la ˈdol tʃe spe ˈran tsa
la dolce speranza!
the sweet hope

or ke mi ko noʃ: ˈʃe te
Or che mi conoscete
now that me you are acquainted with

par ˈla te ˈvo i
parlate voi.
do speak [you] you

dɛ par ˈla te
Deh! parlate.
please speak

ki ˈsjɛ te
Chi siete?
who you are

vi ˈpjat: tʃa dir
Vi piaccia dir!
to you let it be pleasing to tell

COSÌ FAN TUTTE
music: Wolfgang Amadeus Mozart
libretto: Lorenzo da Ponte

Un'aura amorosa

u ˈna u ra a mo ˈro za del ˈnɔ stro te ˈzɔ ro
Un'aura amorosa del nostro tesoro
a breath loving of the our treasure

un ˈdol tʃe ri ˈstɔ ro al kɔr por dʒe ˈra
un dolce ristoro al cor porgerà...
a sweet comfort to the heart will give

al kɔr ke nu ˈdri to da ˈspɛ me da ˈmo ɾe
al cor che nudrito da speme d'amore,
to the heart which nourished by hope of love

dun ˈe ska miʎ: ˈʎo ɾe bi ˈzɔɲ: ɲo non a
d'un esca migliore bisogno non ha.
of a food better need not has

DON GIOVANNI

music: Wolfgang Amadeus Mozart

libretto: Lorenzo da Ponte (after Giovanni Bertati's libretto for Giuseppe Gazzaniga's *Il convitato di pietra*; also after the Don Juan legends)

Dalla sua pace

'ko me	'ma i	'kre der	'dɛd: dʒo
Come	**mai**	**creder**	**deggio**
how	*ever*	*to believe*	*I must*

di	si	'ne ɾo	de 'lit: to	ka 'pa tʃe	un	ka va 'ljɛ ɾo
di	**sì**	**nero**	**delitto**	**capace**	**un**	**cavaliero!**
of	*so*	*dark*	*crime*	*capable*	*a*	*cavalier*

a	di	sko 'pri ɾe	il	've ɾo
Ah,	**di**	**scoprire**	**il**	**vero**
ah	*of*	*to discover*	*the*	*truth*

'oɲ: ɲi	'med: dzo	si 'tʃer ki
ogni	**mezzo**	**si cerchi.**
every	*means*	*let be searched for*

'i o	'sɛn to	in	'pɛt: to
Io	**sento**	**in**	**petto**
I	*[I] hear*	*in*	*breast*

e	di	'spɔ zo	e	da 'mi ko
e	**di**	**sposo**	**e**	**d'amico**
and	*of*	*husband*	*and*	*of friend*

il	do 'ver	ke	mi	'par la
il	**dover**	**che**	**mi**	**parla:**
the	*duty*	*which*	*to me*	*speaks*

di ziŋ gan: 'nar la	'vɔʎ: ʎo
disingannarla	**voglio,**
to disabuse her	*I want*

o	ven di 'kar la
o	**vendicarla!**
or	*to avenge her*

'dal: la	'su a	'pa tʃe	la	'mi a	di 'pɛn de
Dalla	**sua**	**pace**	**la**	**mia**	**dipende.**
on the	*her*	*peace*	*the*	*mine*	*depends*

kwel	ke	a	'lɛ i	'pja tʃe
Quel	**che**	**a**	**lei**	**piace**
that	*which*	*to*	*her*	*is pleasing*

'vi ta	mi	'rɛn de
vita	**mi**	**rende;**
life	*to me*	*gives*

kwel	ke	le	iŋ 'kreʃ: ʃe
quel	**che**	**le**	**incresce**
that	*which*	*her*	*displeases*

'mɔr te	mi	da
morte	**mi**	**dà.**
death	*to me*	*gives*

'sel: la   so 'spi ɾa
S'ella   sospira,
if she   sighs

so 'spi ɾo   aŋ 'ki o
sospiro   anch'io.
I sigh   also I

ε   'mi a   kwel: 'li ɾa
È   mia   quell'ira;
is   mine   that wrath

kwel   'pjan to   ε   'mi o
quel   pianto   è   mio,
that   weeping   is   mine

e   non   ɔ   'bε ne
e   non   ho   bene
and   not   I have   happiness

'sel: la   non   la
s'ella   non   l'ha.
if she   not   it has

Il mio tesoro

il   'mi o   te 'zɔ ro   in 'tan to
Il   mio   tesoro   intanto
the   my   treasure   meanwhile

an 'da te   a   kon so 'lar
andate   a   consolar,
go   to   [to] console

e   del   bεl   'tʃiʎ: ʎo   il   'pjan to
e   del   bel   ciglio   il   pianto
and   from the   beautiful   brow   the   tears

tʃer 'ka te   di   aʃ: ʃu 'gar
cercate   di   asciugar.
seek   of   to wipe dry

'di te le   ke   i   'swɔ i   'tɔr ti
Ditele   che   i   suoi   torti
tell her   that   the   her   wrongs

a   ven di 'kar   'i o   'va do
a   vendicar   io   vado:
to   [to] avenge   I   [I] go

ke   sol   di   'stra dʒi   e   'mɔr ti
che   sol   di   stragi   e   morti
that   only   of   ravages   and   deaths

'nun tsjo   vɔʎ: 'ʎi o   tor 'nar
nunzio   vogl'io   tornar,
messenger   want I   to return

si
sì!
yes

DON PASQUALE

music: Gaetano Donizetti

libretto: Gaetano Donizetti and Giovanni Ruffini (after Aneli's libretto for Pavesi's *Ser Marc' Antonio*)

Com'è gentil

ko ˈmɛ   dʒen ˈtil   la   ˈnɔt: te   a   ˈmɛd: dzo   a ˈpril
Com'è   gentil,   la   notte   a   mezzo   april!
how it is   gentle   the   night   at   middle   April

ɛ   ad: ˈdzur: ro   il   tʃɛl   la   ˈlu na   ɛ   ˈsɛn tsa   vel
È   azzuro   il   ciel;   la   luna   è   senza   vel.
is   azure   the   sky   the   moon   is   without   veil

ˈtut: to   ɛ   laŋ ˈgwor
Tutto   è   languor...
all   is   languor

ˈpa tʃe   mi ˈstɛ ɾo   a ˈmor
pace,   mistero,   amor!
peace   mistery   love

bɛn   ˈmi o   per ˈke   aŋ ˈkor   non   ˈvjɛ ni   a   me
Ben   mio,   perchè   ancor   non   vieni   a   me?
dear one   mine   why   still   not   you come   to   me

ˈfor ma no   ˈla u ɾe   da ˈmo ɾe   at: ˈtʃɛn ti
Formano   l'aure   d'amore   accenti.
they form   the breezes   of love   words

del   ˈri o   nel   ˈmur mu ɾe   so ˈspi ɾi   ˈsɛn ti
Del   rio   nel   murmure   sospiri   senti;
of the   brook   in the   murmur   sighs   hear

bɛn   ˈmi o   per ˈke   aŋ ˈkor   non   ˈvjɛ ni   a   me
ben   mio,   perchè   ancor   non   vieni   a   me?
dear one   mine   why   still   not   you come   to   me

ˈpɔ i   ˈkwan do   sa ˈrɔ   ˈmɔr to   pjan dʒe ˈra i
Poi   quando   sarò   morto   piangerai,
afterwards   when   I shall be   dead   you will weep

ma   ri kja ˈmar mi   in   ˈvi ta   non   po ˈtra i
ma   richiamarmi   in   vita   non   potrai.
but   to call back me   to   life   not   you will be able

il   ˈtu o   fe ˈde le   si ˈstrud: dʒe   di   de ˈzir
Il   tuo   fedele   si strugge   di   desir.
the   your   faithful one   himself consumes   with   desire

ˈni na   kru ˈdɛ le   mi   ˈvwɔ i   ve ˈder   mo ˈrir
Nina   crudele,   mi   vuoi   veder   morir?
Nina   cruel   me   you wish   to see   [to] die

ˈpɔ i   ˈkwan do   sa ˈrɔ   ˈmɔr to   pjan dʒe ˈra i
Poi   quando   sarò   morto   piangerai,
afterwards   when   I shall be   dead   you will weep

ma   ri kja ˈmar mi   in   ˈvi ta
ma   richiamarmi   in   vita,
but   to call back me   to   life

nɔ   non   po ˈtra i
no,   non   potrai.
no   not   you will be able

L'ELISIR D'AMORE

music: Gaetano Donizetti
libretto: Felice Romani (after Eugène Scribe's libretto for Daniel-François Auber's *Le Philtre*)

Quanto è bella

'kwan to ɛ 'bɛl: la 'kwan to ɛ 'ka ɾa
Quanto è bella, quanto è cara!
how much she is beautiful how much she is dear

pju la 've do e pju mi 'pja tʃe
Più la vedo e più mi piace,
more her I see and more me she pleases

ma iŋ kwel kɔr non son ka 'pa tʃe
ma in quel cor non son capace
but in that heart not I am capable

'ljɛ ve af: 'fɛt: to a din spi 'rar
lieve affetto ad inspirar.
slight affection to inspire

'es: sa 'lɛd: dʒe 'stu dja im 'pa ɾa
Essa legge, studia, impara...
she reads studies learns

non vi a 'kɔ za a 'des: sa iɲ: 'ɲo ta
non vi ha cosa ad essa ignota.
not here has thing to her unknown

'i o son 'sɛm pre un i 'djɔ ta
Io son sempre un idiota.
I [I] am always an idiot

'i o non sɔ ke so spi 'rar
Io non so che sospirar.
I not [I] know but to [to] sigh

ma iŋ kwel kɔr non son ka 'pa tʃe
Ma in quel cor non son capace
but in that heart not I am capable

'ljɛ ve af: 'fɛt: to din spi 'rar
lieve affetto d'inspirar —
slight affection [of] to inspire

'ljɛ ve af: 'fɛt: to in kwel 'kɔ ɾe
lieve affetto, in quel core
slight affection in that heart

a din spi 'rar
ad inspirar.
to inspire

Una furtiva lagrima

'u na   fur 'ti va   'la gri ma
Una   furtiva   lagrima
a   furtive   tear

neʎ: 'ʎɔk: ki   'swɔ i   spun 'tɔ
negl'occhi   suoi   spuntò.
in the eyes   hers   rose up

'kwel: le   fe 'sto ze   'dʒo va ni
Quelle   festose   giovani
those   festive   young women

in vi di 'ar   sem 'brɔ
invidiar   sembrò.
to envy   she seemed

ke   pju   tʃer 'kan do   'i o   vɔ
Che   più   cercando   io   vo'?
what   more   looking for   I   [I] go

'ma ma   si   'ma ma
M'ama.   Sì,   m'ama.
me she loves   yes   me she loves

lo   've do
Lo   vedo.
it   I see

un   'so lo   i 'stan te   i   'pal pi ti
Un   solo   istante   i   palpiti
a   single   instant   the   palpitations

del   'su o   bɛl   kɔr   sen 'tir
del   suo   bel   cor   sentir!
of the   her   beautiful   heart   to feel

i   'mjɛ i   so 'spir   kon 'fon de ɾe
I   miei   sospir   confondere
the   my   sighs   to mix

per   'pɔ ko   a   'swɔ i   so 'spir
per   poco   a'   suoi   sospir!
for   short time   with   her   sighs

i   'pal pi ti   sen 'tir
I   palpiti   sentir,
the   palpitations   to feel

kon 'fon de ɾe   i   'mjɛ i   ko   'swɔ i   so 'spir
confondere   i   miei   co'   suoi   sospir!
to mix   the   my   with   her   sighs

'tʃɛ lo   si   pwɔ   mo 'ɾir
Cielo,   si   può   morir;
heaven   one   is able   to die

di   pju   non   'kjɛ do
di   più   non   chiedo.
of   more   not   I ask

a
Ah!
ah

FALSTAFF

music: Giuseppe Verdi
libretto: Arrigo Boito (after plays by William Shakespeare, *The Merry Wives of Windsor* and *Henry IV*)

Dal labbro il canto

dal 'lab: bro il 'kan to e sta zi 'a to 'vo la
Dal labbro il canto estasïato vola
from the lip the song enraptured flies

'pe i si 'lɛn tsi not: 'tur ni
pei silenzi notturni
through the silences nocturnal

e va lon 'ta no
e va lontano.
and goes far away

e al 'fin ri 'trɔ va un 'al tro 'lab: bro u 'ma no
E alfin ritrova un altro labbro umano
and finally it finds an other lip human

ke ʎi ri 'spon de 'kol: la 'su a pa 'rɔ la
che gli risponde colla sua parola.
which to it responds with the its word

al: 'lor la 'nɔ ta ke non ɛ pju 'so la
Allor la nota che non è più sola
then the note which not is [any] more alone

'vi bra di 'dʒɔ ja in un ak: 'kɔr do ar 'ka no
vibra di gioia in un accordo arcano
vibrates with joy in a harmony mysterious

e in: na mo 'ran do 'la er an te lu 'ka no
e innamorando l'aer antelucano
and enchanting the air antelucan

kon 'al tra 'vo tʃe
con altra voce
with other voice

al 'su o 'fon te ri 'vo la
al suo fonte rivola.
to the its source flies back

'kwi vi ri 'piʎ: ʎa swɔn
Quivi ripiglia suon,
there takes up again tone

ma la 'su a 'ku ɾa 'tɛn de 'sɛm pre
ma la sua cura tende sempre
but the its concern aspires always

a du 'nir ki lo di 'zu na
ad unir chi lo disuna.
to unite one whom it may disunite

ko 'zi ba 'tʃa i la di zi 'a ta 'bok: ka
Così baciai la disïata bocca!
thus I kissed the desired mouth

'bok: ka ba 'tʃa ta non 'pɛr de ven 'tu ɾa
Bocca baciata non perde ventura.
mouth kissed not loses [good] fortune

ma il 'kan to mwɔr nel 'ba tʃo ke lo 'tok: ka
Ma il canto muor nel bacio che lo tocca.
but the song dies in the kiss which it touches

LA FAVORITA

music: Gaetano Donizetti

libretto: Alphonse Royer, Gustave Vaëz, and Eugène Scribe (after Baculard d'Arnaud's play *La Comte de Comminges*, and partly based on Eugène Scribe's libretto for *L'ange de Nisida* by Donizetti)

Spirto gentil

fa vo ˈɾi ta   del   re
Favorita   **del**   **Re!**
favored one   *of the*   *king*

kwal   ˈne ɾo   a ˈbis: so
Qual   **nero**   **abisso,**
what   *dark*   *abyss*

kwal   ˈma i   ˈtra ma   in fer ˈnal
qual   **mai**   **trama**   **infernal**
what   *ever*   *conspiracy*   *infernal*

la   ˈglɔ ɾja   ˈmi a   av: ˈvɔl se
la   **gloria**   **mia**   **avvolse**
the   *glory*   *mine*   *enveloped*

in   un   i ˈstan te
in   **un**   **istante,**
in   *an*   *instant*

e   ˈoɲ: ɲi   ˈspɛ me   troŋ ˈkɔ
e   **ogni**   **speme**   **troncò**
and   *every*   *hope*   *cut off*

del   ˈkɔ ɾe   a ˈman te
del   **core**   **amante!**
of the   *heart*   *loving*

ˈspir to   dʒen ˈtil
Spirto   **gentil,**
spirit   *gentle*

ne   ˈsoɲ: ɲi   ˈmjɛ i
ne'   **sogni**   **miei**
in [the]   *dreams*   *mine*

bril: ˈla sti   un   di
brillasti   **un**   **dì,**
you shone   *one*   *day*

ma   ti per ˈde i
ma   **ti perdei.**
but   *you vanished*

ˈfud: dʒi   dal   kɔr
Fuggi   **dal**   **cor,**
flee   *from the*   *heart*

men ˈti ta   ˈspɛ me
mentita   **speme,**
false   *hope*

'lar ve   da 'mor
larve   d'amor —
semblance   of love

fud: 'dʒi te   in 'sjɛ me
fuggite   insieme.
fly [you] away   together

a   te   dak: 'kan to
A   te   d'accanto
at   you   close by

del   dʒe ni 'to ɾe   skor 'da va   il   'pjan to
del   genitore   scordava   il   pianto,
of the   father   I forgot*   the   tears

la   'pa trja   il   tʃɛl
la   patria,   il   ciel,
the   homeland   the   heaven

'dɔn: na   zle 'al
donna   sleal.
woman   faithless

in   'tan to   a 'mo ɾe
In   tanto   amore
in   so much   love

seɲ: 'ɲa sti   il   'kɔ ɾe   'don ta   mor 'tal
segnasti   il   core   d'onta   mortal.
you marked   the   heart   with shame   mortal

a i 'mɛ
Ahimè!
alas

*the "ava" ending (regularly 3rd person singular) is a poetic/archaic variant of the "avo" (regular 1st person singular) ending.

FEDORA
music: Umberto Giordano
libretto: Arturo Colautti (after the drama by Sardou)

Amor ti vieta

a 'mor   ti   'vjɛ ta
Amor   ti   vieta
love   you   forbids

di   non   a 'mar
di   non   amar.
of   not   to love

la   man   'tu a   'ljɛ ve
La   man   tua   lieve,
the   hand   yours   slight

ke   mi   re 'spin dʒe
che   mi   respinge,
which   me   repels

'tʃer ka   la   'stret: ta
cerca   la   stretta
seeks   the   clasp

'del: la   'mi a   man
della   mia   man;
of the   my   hand

la   'tu a   pu 'pil: la
la   tua   pupilla
the   your   eye

e 'spri me   'ta mo
esprime: T'amo!
expresses   you I love

se   il   'lab: bro   'di tʃe
se   il   labbro   dice:
if   the   lip   says

non   ta me 'rɔ
Non   t'amerò!
not   you I will love

GIANNI SCHICCHI

music: Giacomo Puccini
libretto: Giovacchino Foranzo (based on an episode in Dante's *Inferno*)

Firenze è come un albero fiorito

a 've te   'tɔr to
Avete   torto!
you have   wrong

ɛ   'fi ne   a 'stu to
È   fine!   astuto...
he is   refined   astute

'oɲ: ɲi   ma 'lit: tsja   di   'led: dʒi   e   'kɔ di tʃi
Ogni   malizia   di   leggi   e   codici
every   trick   of   laws   and   codices

ko 'noʃ: ʃe   e   sa
conosce   e   sa.
he is acquainted with   and   he knows

mot: ted: dʒa 'to ɾe
Motteggiatore!
teaser

bef: fed: dʒa 'to ɾe
Beffeggiatore!
mocker

tʃɛ   da 'fa ɾe   'u na   'bɛf: fa   'nwɔ va   e   'ra ɾa
C'è   da fare   una   beffa   nuova   e   rara?
there is   to be made   a   joke   new   and   rare

ɛ   'dʒan: ni   'skik: ki   ke   la   pre 'pa ɾa
È   Gianni   Schicchi   che   la   prepara!
it is   Gianni   Schicchi   who   it   prepares

ʎi   'ɔk: ki   'fur bi   ʎi   il: 'lu mi nan   di   'ri zo
Gli   occhi   furbi   gli   illuminan   di   riso
the   eyes   cunning   to him   illuminate   with   laughter

lo   'stra no   'vi zo
lo   strano   viso,
the   strange   face

21

om bred: 'dʒa to   da   kwel   'su o   gran   na 'zo ne
ombreggiato   **da**   **quel**   **suo**   **gran**   **nasone**
shaded   *by*   *that*   *his*   *great*   *big nose*

ke   'pa ɾe   un   tor: rak: 'kjo ne
che   **pare**   **un**   **torracchione**
which   *seems*   *a*   *huge old isolated tower*

per   ko 'zi
per   **così!**
like   *this*

vjɛn   dal   kon 'ta do
Vien   **dal**   **contado?**
he comes   *from the*   *countryside*

eb: 'bɛ ne   ke   vwɔl   'di ɾe
Ebbene?   **Che**   **vuol**   **dire?**
well   *what*   *wants [that]*   *to mean*

'ba sta   kon   'kwe ste   ub: 'bi e   'gret: te   e
Basta   **con**   **queste**   **ubbie**   **grette**   **e**
enough   *with*   *these*   *prejudices*   *narrow-minded*   *and*

pit: 'tʃi ne
piccine!
small

fi 'ɾɛn tse   ɛ   'ko me   un   'al be ɾo   fjo 'ri to
Firenze   **è**   **come**   **un**   **albero**   **fiorito**
Florence   *is*   *like*   *a*   *tree*   *in blossom*

ke   in   'pjat: tsa   'de i   siɲ: 'ɲo ɾi   a
che   **in**   **piazza**   **dei**   **Signori**   **ha**
which   *in*   *Piazza*   *dei*   *Signori*   *has*

'troŋ ko   e   'fron de
tronco   **e**   **fronde,**
trunk   *and*   *branches*

ma   le   ra 'di tʃi   'fɔr tse   'nwɔ ve   ap: 'por ta no
ma   **le**   **radici**   **forze**   **nuove**   **apportano**
but   *the*   *roots*   *strengths*   *new*   *bring in*

'dal: le   kon 'val: li   'lim pi de   e   fe 'kon de
dalle   **convalli**   **limpide**   **e**   **feconde!**
from the   *valleys*   *serene*   *and*   *fertile*

e   fi 'ɾɛn tse   dʒer 'moʎ: ʎa
E   **Firenze**   **germoglia**
and   *Florence*   *germinates*

e 'dal: le   'stel: le   'sal gon   pa 'la dʒi   'sal di
ed alle   **stelle**   **salgon**   **palagi**   **saldi**
and to all the   *stars*   *rise*   *palaces*   *firm*

e   'tor: ri   'znɛl: le
e   **torri**   **snelle!**
and   *towers*   *slim*

'lar no   'pri ma   di   'kor: re ɾe   'al: la   'fo tʃe
L'Arno,   **prima**   **di**   **correre**   **alla**   **foce,**
the Arno   *before*   *of*   *to run*   *to the*   *mouth*

'kan ta   ba 'tʃan do   'pjat: tsa   'san ta   'kro tʃe
canta   **baciando**   **piazza**   **Santa**   **Croce,**
sings   *kissing*   *Piazza*   *Santa*   *Croce*

e	il	'su o	'kan to	ɛ	si	'dol tʃe	e	si	so 'nɔ ro
e	**il**	**suo**	**canto**	**è**	**sì**	**dolce**	**e**	**sì**	**sonoro**
and	*the*	*its*	*song*	*is*	*so*	*sweet*	*and*	*so*	*sonorous*

ke	a	'lu i	son	'ʃe zi	i	ruʃː ʃel: 'let: ti
che	**a**	**lui**	**son**	**scesi**	**i**	**ruscelletti**
that	*to*	*it*	*are*	*descended*	*the*	*little brooks*

iŋ	'kɔ ɾo
in	**coro!**
in	*chorus*

ko 'zi	'ʃen dan vi	'dɔtː ti	in	'ar ti
Così	**scendanvi**	**dotti**	**in**	**arti**
thus	*may descend here*	*experts*	*in*	*arts*

e	'ʃɛn tse
e	**scienze**
and	*sciences*

a	far	pju	'rikː ka	e	'splɛn di da	fi 'rɛn tse
a	**far**	**più**	**ricca**	**e**	**splendida**	**Firenze!**
to	*[to] make*	*more*	*rich*	*and*	*splendid*	*Florence*

e	di	val	'del sa	dʒu	'dal: le	ka 'stɛl: la
E	**di**	**val**	**d'Elsa**	**giù**	**dalle**	**castella**
and	*of*	*Val*	*d'Elsa*	*down*	*from the*	*castles*

bɛn	'vɛŋ ga	ar 'nɔl fo	a	far	la
ben	**venga**	**Arnolfo**	**a**	**far**	**la**
well	*let come*	*Arnolfo*	*to*	*[to] make*	*the*

'torː re	'bɛl: la
torre	**bella!**
tower	*beautiful*

e	'vɛŋ ga	'dʒɔtː to	dal	mu 'dʒɛl	sel 'vo zo
E	**venga**	**Giotto**	**dal**	**Mugel**	**selvoso,**
and	*let come*	*Giotto*	*from the*	*Mugello*	*wooded*

e	il	'mɛ di tʃi	mer 'kan te	ko ɾadː 'dʒo zo
e	**il**	**Medici**	**mercante**	**coraggioso!**
and	*the*	*Medici*	*merchant*	*courageous*

'ba sta	kon	ʎi	'ɔ di	'gretː ti	e
Basta	**con**	**gli**	**odî**	**gretti**	**e**
enough	*with*	*the*	*hatreds*	*narrow-minded*	*and*

'ko i	ri 'pikː ki
coi	**ripicchi!**
with the	*spites*

'vi va	la	'dʒɛn te	'nɔ va	e	'dʒanː ni	'skikː ki
Viva	**la**	**gente**	**nova**	**e**	**Gianni**	**Schicchi!**
long live	*the*	*people*	*new*	*and*	*Gianni*	*Schicchi*

MADAMA BUTTERFLY

music: Giacomo Puccini
libretto: Luigi Illica and Giuseppe Giacosa (after the play by David Belasco, which was based on a story by John Luther Long)

Amore o grillo

a ˈmo ɾe   o   ˈgril: lo   dir   non   sa ˈpre i
Amore   o   grillo,   dir   non   saprei.
love   or whim   to say not I would know how

ˈtʃer to   ko ˈste i   ma   kol: lin ˈdʒe nu e   ˈar ti
Certo   costei   m'ha coll'ingenue   arti
certainly she   me has with the ingenuous arts

in ve ˈska to
invescato.
attracted

ˈlje ve   kwal   ˈtɛ nu e   ˈve tro   sof: ˈfja to
Lieve   qual   tenue   vetro   soffiato
slight   like   rarefied   glass   blown

ˈal: la   sta ˈtu ɾa
alla   statura,
in the   stature

al   por ta ˈmen to   ˈsem bra   fi ˈgu ɾa
al   portamento   sembra   figura
in the   bearing   she seems   figure

da   pa ɾa ˈvɛn to
da   paravento.
from   screen

ma   dal   ˈsu o   ˈlu tʃi do   ˈfon do   di   ˈlak: ka
Ma   dal   suo   lucido   fondo   di   lacca
but   from the   its   shiny   background   of   lacquer

ˈko me   kon   ˈsu bi to   ˈmɔ to   si ˈstak: ka
come   con   subito   moto   si stacca;
how   with sudden   motion   she breaks loose

kwal   far fal: ˈlet: ta   zvo ˈlat: tsa
qual   farfalletta   svolazza
like   little butterfly   she flutters

e   ˈpɔ za   kon   tal   grat: ˈtsjet: ta
e   posa   con   tal   grazietta
and   comes to rest with such gentle grace

si len tsi ˈo za
silenzïosa,
quiet

ke   di   riŋ ˈkor: rer la   fu ˈror   mas: ˈsa le
che   di   rincorrerla   furor   m'assale
that of   to pursue her   frenzy   me assails

se ˈpu ɾe   in ˈfran dʒer ne   do ˈves: si   ˈla le
se pure   infrangerne   dovessi   l'ale.
even though   to break of her   I may   the wing

RIGOLETTO

music: Giuseppe Verdi
libretto: Francesco Maria Piave (after Victor Hugo's drama *Le Roi s'Amuse*)

Questa o quella

'kwe sta o 'kwel: la per me 'pa ɾi 'so no
Questa o quella per me pari sono
this one or that one for me equal [they] are

a kwan 'tal tre din 'tor no mi 've do
a quant'altre d'intorno mi vedo.
to how many others all around to me I see

del 'mi o 'kɔ ɾe lim 'pɛ ɾo non 'tʃɛ do
Del mio core l'impero non cedo
of the my heart the command not I yield

'mɛʎ: ʎo a 'du na ke a 'dal tra bel 'ta
meglio ad una, che ad altra beltà.
more to one than to other beauty

la ko 'sto ɾo av: ve 'nɛn tsa ɛ kwal 'do no
La costoro avvenenza è qual dono
the those to whom attractiveness is like gift

di ke il 'fa to ne in 'fjo ɾa la 'vi ta
di che il fato ne infiora la vita.
of which the fate for us adorns the life

'sɔd: dʒi 'kwe sta mi 'tor na gra 'di ta
S'oggi questa mi torna gradita,
if today this one to me comes back appreciative

'for se u 'nal tra do 'man lo sa 'ɾa
forse un'altra doman lo sarà.
perhaps another tomorrow it will be

la ko 'stan tsa ti 'ran: na del 'kɔ ɾe
La costanza, tiranna del core,
the constancy tyrant of the heart

de te 'stja mo kwal 'mɔr bo kru 'dɛ le
detestiamo qual morbo crudele.
let us detest like disease cruel

sol ki 'vwɔ le si 'sɛr bi fe 'de le
Sol chi vuole si serbi fedele;
only he who wishes let remain faithful

non va a 'mor se non vɛ li ber 'ta
non v'ha amor se non v'è libertà.
not there has love if not there is freedom

de ma 'ri ti il dʒe 'lo zo fu 'ro ɾe
De' mariti il geloso furore,
of [the] husbands the jealous fury

'deʎ: ʎi a 'man ti le 'zman je de 'ri do
degli amanti le smanie derido.
of the lovers the ravings I deride

'aŋ ko 'dar go i tʃen 'tɔk: ki di 'sfi do
Anco d'Argo i cent'occhi disfido
even of Argus the hundred eyes I defy

se mi 'pun dʒe 'u na 'kwal ke bel 'ta
se mi punge una qualche beltà.
if me arouses a such beauty

La donna è mobile

la	ˈdɔn: na	ɛ	ˈmɔ bi le
La	**donna**	**è**	**mobile**
the	*woman*	*is*	*variable*

kwal	ˈpju ma	al	ˈvɛn to
qual	**piuma**	**al**	**vento;**
like	*feather*	*in the*	*wind*

ˈmu ta	dat: ˈtʃɛn to
muta	**d'accento**
she changes	*in word*

e	di	pen ˈsjɛ ɾo
e	**di**	**pensiero.**
and	*in*	*thought*

ˈsɛm pre	un	a ˈma bi le
Sempre	**un**	**amabile**
always	*a*	*lovable*

led: ˈdʒa dro	ˈvi zo
leggiadro	**viso,**
pretty	*face*

in	ˈpjan to	o	in	ˈri zo
in	**pianto**	**o**	**in**	**riso,**
in	*weeping*	*or*	*in*	*laughter*

ɛ	men tsoɲ: ˈɲɛ ɾo
è	**menzognero.**
is	*untruthful*

ɛ	ˈsɛm pre	ˈmi ze ɾo
È	**sempre**	**misero**
is	*always*	*miserable*

ki	a	ˈlɛi	saf: ˈfi da
chi	**a**	**lei**	**s'affida,**
he who	*to*	*her*	*entrusts*

ki	le	kon ˈfi da
chi	**le**	**confida**
he who	*her*	*relies on*

mal	ˈka u to	il	ˈkɔ ɾe
mal	**cauto**	**il**	**core!**
not	*cautious*	*the*	*heart*

pur	ˈma i	non	ˈsɛn te si
Pur	**mai**	**non**	**sentesi**
yet	*never*	*not*	*feels himself*

fe ˈli tʃe	ap: ˈpjɛ no
felice	**appieno**
happy	*fully*

ki	ˌsu	kwel	ˈse no
chi	**su**	**quel**	**seno**
he who	*upon*	*that*	*breast*

non	ˈli ba	a ˈmo ɾe
non	**liba**	**amore!**
not	*tastes*	*love*

LA TRAVIATA

music: Giuseppe Verdi

libretto: Francesco Maria Piave (after the play *La Dame aux Camélias* by Alexandre Dumas fils)

De' miei bollenti spiriti

'lun dʒe	da	'lɛ i	per	me	non	va	di 'lɛt: to
Lunge	**da**	**lei**	**per**	**me**	**non**	**v'ha**	**diletto!**
far	*from*	*her*	*for*	*me*	*not*	*there is*	*pleasure*

vo 'la ron	dʒa	tre	'lu ne
Volaron	**già**	**tre**	**lune**
they fly by	*already*	*three*	*lunar months*

dak: 'ke	la	'mi a	vi o 'let: ta
dacchè	**la**	**mia**	**Violetta**
since	*the*	*my*	*Violetta*

'a dʒi	per	me	laʃ: 'ʃɔ	do 'vit: tsje	a 'mo ɾi
agi	**per**	**me**	**lasciò,**	**dovizie,**	**amori**
comforts	*for*	*me*	*she left*	*wealths*	*loves*

e	le	pom 'po ze	'fɛ ste
e	**le**	**pompose**	**feste,**
and	*the*	*pompous*	*festivities*

o 'vaʎ: ʎi	o 'mad: dʒi	av: 'vet: tsa
ov'agli	**omaggi**	**avvezza,**
where to the	*compliments*	*accustomed*

ve 'de a	'skja vo	tʃa 'skun
vedea	**schiavo**	**ciascun**
she saw	*slave*	*everyone*

di	'su a	bel: 'let: tsa
di	**sua**	**bellezza.**
of	*her*	*beauty*

e 'dor	kon 'tɛn ta	iŋ	'kwe sti	a 'mɛ ni	'lwɔ gi
Ed or	**contenta**	**in**	**questi**	**ameni**	**luoghi**
and now	*content*	*in*	*these*	*pleasant*	*surroundings*

'tut: to	'skɔr da	per	me
tutto	**scorda**	**per**	**me.**
all	*she forgets*	*for*	*me*

kwi	'prɛs: so a	'lɛ i	'i o	ri 'naʃ: ʃer	mi 'sɛn to
Qui	**presso a**	**lei**	**io**	**rinascer**	**mi sento,**
here	*beside*	*her*	*I*	*to be reborn*	*[I] myself feel*

e	dal	'sof: fjo	da 'mor	ri dʒe ne 'ra to
e	**dal**	**soffio**	**d'amor**	**rigenerato**
and	*by the*	*breath*	*of love*	*regenerated*

'skɔr do	ne	'ga u di	'swɔ i
scordo	**ne'**	**gaudi**	**suoi**
I forget	*in [the]*	*joys*	*its*

'tut: to	il	pas: 'sa to
tutto	**il**	**passato.**
all	*the*	*past*

de   'mjɛ i   bol: 'lɛn ti   'spi ɾi ti
De'   miei   bollenti   spiriti
of [the] my   boiling   spirits

il   dʒo va 'ni le   ar 'do ɾe
il   giovanile   ardore
the   youthful   ardor

'el: la   tem 'prɔ   kol   'pla tʃi do
ella   temprò   col   placido
she   tempered with the peaceful

sor: 'ri zo   del: la 'mor
sorriso   dell'amor!
smile   of the love

dal   di ke 'dis: se
Dal   dì che disse:
from the day that she said

'vi ve ɾe 'i o 'vɔʎ: ʎo a te fe 'del si
vivere io voglio a te fedel, sì,
to live I [I] want to you faithful yes

del: 'lu ni vɛr so im: 'mɛ mo ɾe
dell'universo immemore
of the universe unmindful

'i o 'vi vo 'kwa zi in tʃɛl
io vivo quasi in ciel.
I [I] live almost in heaven

a si
Ah sì.
ah yes

ABOUT THE FRENCH IPA TRANSLITERATIONS
by Martha Gerhart

Following is a table of pronunciation for French lyric diction in singing as transliterated in this volume.

THE VOWELS

symbol	nearest equivalent in English	descriptive notes
[ɑ]	as in "f<u>a</u>ther"	the "dark 'a'"
[a]	in English only in dialect; comparable to the Italian "a"	the "bright 'a'"
[e]	no equivalent in English; as in the German "Schnee"	the "closed 'e'": [i] in the [ɛ] position
[ɛ]	as in "b<u>e</u>t"	the "open 'e'"
[i]	as in "f<u>ee</u>t"	
[o]	no equivalent in English as a pure vowel; approximately as in "<u>o</u>pen"	the "closed 'o'"
[ɔ]	as in "<u>ou</u>ght"	the "open 'o'"
[u]	as in "bl<u>ue</u>"	
[y]	no equivalent in English	[i] sustained with the lips rounded to a [u] position
[ø]	no equivalent in English	[e] sustained with the lips rounded almost to [u]
[œ] *	as in "<u>ea</u>rth" without pronouncing any "r"	[ɛ] with lips in the [ɔ] position
[ɑ̃]	no equivalent in English	the nasal "a": [ɔ] with nasal resonance added
[ɔ̃]	no equivalent in English	the nasal "o": [o] with nasal resonance added
[ɛ̃]	no equivalent in English	the nasal "e": as in English "c<u>a</u>t" with nasal resonance added
[œ̃]	no equivalent in English	the nasal "œ": as in English "<u>u</u>h, h<u>u</u>h" with nasal resonance added

* Some diction manuals transliterate the neutral, unstressed syllables in French as a "schwa" [ə].
Refer to authoritative published sources concerning such sophistications of French lyric diction.

THE SEMI-CONSONANTS

[ɥ]	no equivalent in English	a [y] in the tongue position of [i] and the lip position of [u]
[j]	as in "<u>e</u>we," "<u>y</u>es"	a "glide"
[w]	as in "<u>w</u>e," "<u>w</u>ant"	

THE CONSONANTS

[b]	as in "<u>b</u>ad"	with a few exceptions
[c]	[k], as in "<u>c</u>art"	with some exceptions
[ç]	as in "<u>s</u>un"	when initial or medial, before *a*, *o*, or *u*
[d]	usually, as in "<u>d</u>oor"	becomes [t] in liaison
[f]	usually, as in "<u>f</u>oot"	becomes [v] in liaison
[g]	usually, as in "<u>g</u>ate"	becomes [k] in liaison; see also [ʒ]
[k]	as in "<u>k</u>ite"	
[l]	as in "<u>l</u>ift"	with some exceptions
[m]	as in "<u>m</u>int"	with a few exceptions
[n]	as in "<u>n</u>ose"	with a few exceptions
[ɲ]	as in "o<u>ni</u>on"	almost always the pronunciation of the "gn" combination
[p]	as in "<u>p</u>ass"	except when silent (final) and in a few rare words
[r] *	no equivalent in English	flipped (or occasionally rolled) "r"
[s]	as in "<u>s</u>olo"	with exceptions; becomes [z] in liaison
[t]	as in "<u>t</u>ooth"	with some exceptions
[v]	as in "<u>v</u>oice"	
[x]	[ks] as in "e<u>x</u>tra," [gz] as in "e<u>x</u>ist," [z] as in "O<u>z</u>," or [s] as in "<u>s</u>ent"	becomes [z] in liaison
[z]	as in "<u>z</u>one"	with some exceptions
[ʒ]	as in "rou<u>g</u>e"	usually, "g" when initial or mediant before *e*, *i*, or *y*; also, "j" in any position
[ʃ]	as in "<u>sh</u>oe"	

* The conversational "uvular 'r'" is used in popular French song and cabaret but is not considered appropriate for singing in the classical repertoire.

LIAISON AND ELISION

Liaison is common in French. It is the sounding (linking) of a normally silent final consonant with the vowel (or mute h) beginning the next word. Its use follows certain rules; apart from the rules, the final choice as to whether or not to make a liaison depends on good taste and/or the advice of experts.

Examples of liaison, with their IPA:

les oiseaux   est ici
lɛ‿ zwa zo   ɛ‿ ti si

Elision is the linking of a consonant followed by a final unstressed *e* with the vowel (or mute *h*) beginning the next word.

examples, with their IPA: elle est   votre âme
ɛ‿ lɛ   vɔ‿ trɑ mœ

The linking symbol [‿] is given in these transliterations for both **elision** and for (recommended) **liaisons**.

CARMEN

music: Georges Bizet
libretto: Henri Meilhac and Ludovic Halévy (after the novel by Prosper Mérimée)

La fleur que tu m'avais jetée
(The Flower Song)

la	flœr	kœ	ty	ma vɛ	ʒœ te œ
La	**fleur**	**que**	**tu**	**m'avais**	**jetée**
the	*flower*	*that*	*you*	*to me had*	*thrown*

dã	ma	pri zɔ̃	me tɛ	rɛ ste œ
dans	**ma**	**prison**	**m'était**	**restée.**
in	*my*	*prison*	*to me had*	*remained*

fle tri	e	sɛ ʃœ	sɛ tœ	flœr
Flétrie	**et**	**sèche,**	**cette**	**fleur**
withered	*and*	*dry*	*that*	*flower*

gar dɛ	tu ʒur	sa	du͜	sɔ dœr
gardait	**toujours**	**sa**	**douce**	**odeur;**
kept	*always*	*its*	*sweet*	*fragrance*

e	pã dã de͜	zœ rœ͜	zã tjɛ rœ
et	**pendant des**	**heures**	**entières,**
and	*for*	*hours*	*on end**

*an idiom; literal translation would be "during of whole hours."

syr	mɛ͜	zjø	fɛr mã	me	po pje rœ
sur	**mes**	**yeux,**	**fermant**	**mes**	**paupières,**
upon	*my*	*eyes*	*closing*	*my*	*eyelids*

dœ	sɛ͜	to dœr	ʒœ	mã͜ ni vrɛ
de	**cette**	**odeur**	**je**	**m'enivrais**
by	*that*	*fragrance*	*I*	*me was intoxicated*

e	dã	la	nɥi	ʒœ	tœ	vwa jɛ
et	**dans**	**la**	**nuit**	**je**	**te**	**voyais!**
and	*in*	*the*	*night*	*I*	*you*	*saw*

ʒœ	mœ prœ nɛ͜	za	tœ	mo di rœ
Je	**me prenais**	**à**	**te**	**maudire,**
I	*started*	*to*	*you*	*[to] curse*

a	tœ	de tɛ ste	a	mœ	di rœ
à	**te**	**détester,**	**à**	**me**	**dire:**
to	*you*	*[to] detest*	*to*	*me*	*to say*

pur kwa	fo͜ til	kœ	lœ	dɛ stɛ̃
Pourquoi	**faut-il**	**que**	**le**	**destin**
why	*it is necessary*	*that*	*the*	*destiny*

lɛ	mi zœ	la	syr	mɔ̃	ʃœ mɛ̃
l'ait	**mise**	**là**	**sur**	**mon**	**chemin!**
her had	*put*	*there*	*on*	*my*	*path*

pɥi	ʒœ	ma ky zɛ	dœ	blas fɛ mœ
Puis	**je**	**m'accusais**	**de**	**blasphème,**
then	*I*	*myself accused*	*of*	*blasphemy*

e	ʒœ	nœ	sã tɛ͜	zã	mwa mɛ mœ
et	**je**	**ne**	**sentais**	**en**	**moi-même...**
and	*I*	*not*	*felt*	*in*	*myself*

ʒœ   nœ   sɑ̃ te   kœ̃   sœl   de zir
je   **ne**   **sentais**   **qu'un**   **seul**   **désir...**
I   *not*   *felt*   *but a*   *single*   *desire*

œ̃   sœl   de zir   œ̃   sœ   lɛ spwar
un   **seul**   **désir,**   **un**   **seul**   **espoir:**
a   *single*   *desire*   *a*   *single*   *hope*

tœ   rœ vwa   ro   kar mɛn
te   **revoir,**   **ô**   **Carmen—**
you   *to see again*   *o*   *Carmen*

wi   tœ   rœ vwar
oui,   **te**   **revoir!**
yes   *you*   *to see again*

kar   ty   na vɛ   zy   ka   pa rɛ trœ
Car   **tu**   **n'avais**   **eu**   **qu'à**   **paraître,**
for   *you*   *not had*   *had*   *but to*   *[to] appear*

ka   ʒœ te   rœ̃   rœ gar   syr   mwa
qu'à   **jeter**   **un**   **regard**   **sur**   **moi,**
but to   *[to] throw*   *a*   *glance*   *at*   *me*

pur   tɑ̃ pa re   dœ   tu   mɔ̃   nɛ trœ
pour   **t'emparer**   **de**   **tout**   **mon**   **être,**
for   *you to take hold*   *of*   *all*   *my*   *being*

o   ma   kar mɛn
ô   **ma**   **Carmen!**
o   *my*   *Carmen*

e   ʒe tɛ   zy nœ   ʃo   za twa
Et   **j'étais**   **une**   **chose**   **à**   **toi!**
and   *I was*   *a*   *possession*   *to*   *you*

kar mɛn   ʒœ   tɛ mœ
Carmen,   **je**   **t'aime!**
Carmen   *I*   *you [I] love*

FAUST

music: Charles Gounod
libretto: Jules Barbier and Michel Carré (after the drama by Johann Wolfgang von Goethe)

Salut! demeure chaste et pure

kɛl   tru   blɛ̃ kɔ ny   mœ   pe nɛ trœ
Quel   **trouble**   **inconnu**   **me**   **pénètre?**
what   *trouble*   *unknown*   *me*   *penetrates*

ʒœ   sɑ̃   la mur   sɑ̃ pa re dœ   mɔ̃   nɛ trœ
Je   **sens**   **l'amour**   **s'emparer de**   **mon**   **être!**
I   *feel*   *the love*   *to take hold of*   *my*   *being*

o   mar gœ ri tœ   a   tɛ   pje   mœ   vwa si
Ô   **Marguerite,**   **à**   **tes**   **pieds**   **me**   **voici!**
o   *Marguerite*   *at*   *your*   *feet*   *me*   *here is*

sa ly   dœ mœ rœ   ʃa   te   py rœ
Salut!   **demeure**   **chaste**   **et**   **pure,**
greetings   *dwelling*   *chaste*   *and*   *pure*

u   sœ dœ vi nœ   la   pre zɑ̃ sœ   dy
où   **se devine**   **la**   **présence**   **d'une**
where   *is felt*   *the*   *presence*   *of a*

nɑ   mi nɔ sɑ̃   te   di vi nœ
âme   **innocente**   **et**   **divine!**
soul   *innocent*   *and*   *divine*

kœ   dœ   ri ʃɛ   sɑ̃   sɛ tœ   po vrœ te
Que   **de**   **richesse**   **en**   **cette**   **pauvreté!**
what   *of*   *wealth*   *in*   *this*   *poverty*

ɑ̃   sœ   re dɥi   kœ   dœ   fe li si te
En   **ce**   **réduit,**   **que**   **de**   **félicité!**
in   *this*   *poor dwelling*   *what*   *of*   *joy*

o   na ty rœ   sɛ   la
Ô   **nature,**   **c'est**   **là**
o   *nature*   *it is*   *there*

kœ   ty   la   fi   si   bɛ lœ
que   **tu**   **la**   **fis**   **si**   **belle!**
that   *you*   *her*   *made*   *so*   *beautiful*

sɛ   la   kœ   sɛ   tɑ̃ fɑ̃   a   dɔr mi
C'est   **là**   **que**   **cette**   **enfant**   **a**   **dormi**
it is   *there*   *that*   *that*   *child*   *has*   *slept*

su   tɔ̃   nɛ   la   grɑ̃ di   su   tɛ   zjø
sous   **ton**   **aîle,**   **a**   **grandi**   **sous**   **tes**   **yeux—**
beneath   *your*   *wing*   *has*   *grown up*   *beneath*   *your*   *eyes*

la   kœ   dœ   tɔ̃   na lɛ nœ   ɑ̃ vœ lɔ pɑ̃   sɔ̃   na mœ
là   **que**   **de**   **ton**   **haleine**   **enveloppant**   **son**   **âme,**
there   *that*   *with*   *your*   *breath*   *enveloping*   *her*   *soul*

ty   fi   za vɛ   ka mu   re pa nu ir   la   fa
tu   **fis**   **avec**   **amour**   **épanouir**   **la**   **femme**
you   *made*   *with*   *love*   *to bloom*   *the*   *woman*

mɑ̃   sɛ   tɑ̃ ʒœ   dɛ   sjø
en   **cet**   **ange**   **des**   **cieux!**
into   *that*   *angel*   *of the*   *heavens*

sɛ   la   wi
C'est   **là!**   **Oui!**
it is   *there*   *yes*

MANON

music: Jules Massenet
libretto: Henri Meilhac and Philippe Gille (after the novel *L'Histoire du Chevalier des Grieux et de Manon Lescaut* by Abbé Prévost)

En fermant les yeux (Le Rêve)

sɛ	vrɛ	ma	tɛ‿	tɛ	fɔ lœ
C'est	**vrai...**	**ma**	**tête**	**est**	**folle!**
it is	*true*	*my*	*head*	*is*	*mad*

mɛ	lœ	bɔ nœ‿	rɛ	pɑ sa ʒe
Mais	**le**	**bonheur**	**est**	**passager,**
but	*the*	*happiness*	*is*	*fleeting*

e	lœ	sjɛl	la	fɛ	si	le ʒe
et	**le**	**ciel**	**l'a**	**fait**	**si**	**léger**
and	*the*	*heaven*	*it has*	*made*	*so*	*quick*

kɔ̃‿	na	tu ʒur	pœr	kil	sɑ̃ vɔ lœ
qu'on	**a**	**toujours**	**peur**	**qu'il**	**s'envole!**
that one	*has*	*always*	*fear*	*that it*	*may fly away*

a	ta blœ
A	**table!**
to [the]	*table*

ɛ̃ stɑ̃	ʃar mɑ̃
Instant	**charmant**
moment	*charming*

u	la	krɛ̃ tœ	fɛ	trɛ vœ
où	**la**	**crainte**	**fait**	**trêve—**
when	*the*	*fear*	*makes*	*truce*

u	nu	sɔ mœ	dø	sœ lœ mɑ̃
où	**nous**	**sommes**	**deux**	**seulement!**
when	*we*	*are*	*two*	*only*

tjɛ̃	ma nɔ̃	ɑ̃	mar ʃɑ̃
Tiens,	**Manon:**	**en**	**marchant,**
look here	*Manon*	*in*	*walking*

ʒœ	vjɛ̃ dœ fɛ‿	rœ̃	rɛ vœ
je	**viens de faire**	**un**	**rêve.**
I	*have just had**	*a*	*dream*

   ****idiomatic***: literal translation of "viens de faire" ("come of to do") makes no sense.

ɑ̃	fɛr mɑ̃	lɛ‿	zjø
En	**fermant**	**les**	**yeux,**
in	*closing*	*the*	*eyes*

ʒœ	vwa	la bɑ	y‿	nœ̃ blœ	rœ trɛ tœ
je	**vois**	**là-bas**	**une**	**humble**	**retraite—**
I	*see*	*over there*	*a*	*humble*	*retreat*

y nœ	mɛ zɔ nɛ tœ	tu tœ	blɑ̃ʃ
une	**maisonnette**	**toute**	**blanche**
a	*cottage*	*completely*	*white*

o	fɔ̃	dɛ	bwɑ
au	**fond**	**des**	**bois!**
in the	*depth*	*of the*	*woods*

su   sɛ   trɑ̃ ki lœ̥   zɔ̃ bra ʒœ
Sous   **ses**   **tranquilles**   **ombrages**
beneath   *their*   *tranquil*   *shade(s)*

lɛ   klɛr̥   ze   ʒwa jø   rɥi so
les   **clairs**   **et**   **joyeux**   **ruisseaux,**
the   *clear*   *and*   *joyful*   *brooks*

u   sœ mi rœ   lɛ   fœ ja ʒœ
où   **se mirent**   **les**   **feuillages,**
where   *are mirrored*   *the*   *foliage(s)*

ʃɑ̃ tœ̥   ta vɛk   lɛ̥   zwa zo
chantent   **avec**   **les**   **oiseaux!**
sing   *with*   *the*   *birds*

sɛ   lœ   pa ra di
C'est   **le**   **paradis!**
it is   *the*   *paradise*

o   nɔ̃
Oh,   **non!**
oh   *no*

tu̥   tɛ   la   tri̥   stə   mɔ ro zœ
Tout   **est**   **là**   **triste**   **et**   **morose,**
everything   *is*   *there*   *sad*   *and*   *gloomy*

kḁ   ri̥   li   mɑ̥̃   ky nœ   ʃoz
car   **il**   **y**   **manque**   **une**   **chose:**
for   *it*   *there*   *is missing*   *one*   *thing*

i̥   li   fo̥   tɑ̃ kɔr   ma nɔ̃
Il   **y**   **faut**   **encor**   **Manon!**
it   *there*   *is necessary*   *still*   *Manon*

vjɛ̃   la   sœ ra   nɔ trœ   vi œ
Viens!   **Là**   **sera**   **notre**   **vie,**
come   *there*   *will be*   *our*   *life*

si   ty   lœ   vø   o   ma nɔ̃
si   **tu**   **le**   **veux,**   **ô**   **Manon!**
if   *you*   *it*   *wish*   *o*   *Manon*

LES PÊCHEURS DE PERLES

music: Georges Bizet
libretto: Michel Carré and Eugène Cormon (Pierre-Etienne Piestre)

Je crois entendre encore

ʒœ	crwa‿	zã tã‿	drã kɔ rœ
Je	**crois**	**entendre**	**encore**
I	*believe*	*to hear*	*again*

	ka ʃe	su	lɛ	pal mje
	caché	**sous**	**les**	**palmiers**
	hidden	*beneath*	*the*	*palm trees*

sa	vwa	tã‿	dre	sɔ nɔ rœ
sa	**voix**	**tendre**	**et**	**sonore**
her	*voice*	*tender*	*and*	*resonant*

kɔ‿	mœ̃	ʃã	dœ	ra mje
comme	**un**	**chant**	**de**	**ramiers.**
like	*a*	*song*	*of*	*wood pigeons*

o	nɥi	ã ʃã tœ rɛ sœ
Ô	**nuit**	**enchanteresse—**
o	*night*	*enchanting*

di vɛ̃	ra vi sœ mã
divin	**ravissement...**
divine	*rapture*

o	su vœ nir	ʃãr mã
Ô	**souvenir**	**charmant—**
o	*memory*	*charming*

fɔ‿	li vrɛ sœ
folle	**ivresse,**
foolish	*intoxication*

du	rɛ vœ
doux	**rêve!**
sweet	*dream*

o	klar te	dɛ‿	ze twa lœ
Aux	**clartés**	**des**	**étoiles**
in the	*light*	*of the*	*stars*

ʒœ	krwa‿	zã kɔr	la	vwar
je	**crois**	**encor**	**la**	**voir**
I	*think*	*again*	*her*	*to see*

ã‿ truv rir	sɛ	lɔ̃	vwa lœ
entr'ouvrir	**ses**	**longs**	**voiles**
to half open	*her*	*long*	*veils*

o	vã	tjɛ dœ	dy	swar
aux	**vents**	**tièdes**	**du**	**soir.**
to the	*breezes*	*mild*	*of the*	*evening*

ʃar mã	su vœ nir
Charmant	**souvenir!**
charming	*memory*

LE ROI D'YS

music: Edouard Lalo
libretto: Edouard Blau (after a Breton legend)

Vainement, ma bien-aimée

pψi‿skɔ̃   nœ   pø   fle ʃir
Puisqu'on   ne   peut   fléchir
since one   not   is able   to move to pity

sɛ   ʒa lu zœ   gar djɛ nœ
ces   jalouses   gardiennes,
those   jealous   guardians

a   lɛ se mwa   kɔ̃ te
ah,   laissez-moi   conter
ah   allow me   to relate

mɛ   pɛ nœ   e   mɔ̃‿   ne mwa
mes   peines   et   mon   émoi!
my   pains   and   my   emotion

vɛ nœ mɑ̃   ma   bjɛ̃‿ne me œ
Vainement,   ma   bien-aimée,
in vain   my   beloved one

ɔ̃   krwɑ   mœ   de zɛ spe re
on   croit   me   désespérer;
one   believes   me   to make desperate

prɛ dœ   ta   pɔr tœ   fɛr me œ
près de   ta   porte   fermée
near to   your   door   closed

ʒœ   vø‿   zɑ̃ kɔr   dœ mœ re
je   veux   encor   demeurer!
I   wish   still   to stay

lɛ   sɔ lɛj   pu rɔ̃   se tɛ̃ drœ
Les   soleils   pourront   s'éteindre,
the   suns   will be able   to die out

lɛ   nψi   rɑ̃ pla se   lɛ   ʒur
les   nuits   remplacer   les   jours,
the   nights   to replace   the   days

sɑ̃   ta ky ze   e   sɑ̃   mœ   plɛ̃ drœ
sans   t'accuser   et   sans   me   plaindre.
without   you to accuse   and   without   me   to complain

la   ʒœ   rɛs tœ re   tu ʒur
Là   je   resterai,   toujours!
there   I   shall remain   always

ʒœ   lœ   se   tɔ̃‿   nɑ‿   mɛ   du sœ
Je   le   sais,   ton   âme   est   douce,
I   it   know   your   soul   is   sweet

e   lœ rœ   bjɛ̃ to   vjɛ̃ dra
et   l'heure   bientôt   viendra
and   the hour   soon   will come

u   la   mɛ̃   ki   mœ   rœ pu sœ
où   la   main   qui   me   repousse
when   the   hand   which   me   repels

vɛr   la   mjɛ nœ   sœ tɑ̃ dra
vers   la   mienne   se tendra!
toward   the   mine   will reach out

nœ   swa   pɑ   tro   tar di
Ne   sois   pas   trop   tardive
not   be   [not]   too   tardy

va   tœ lɛ se   ra tɑ̃ drir
à   te laisser   attendrir!
to   yourself let   to soften

si   ro zɛn   bjɛ̃ to   na ri vœ
Si   Rozenn   bientôt   n'arrive,
if   Rozenn   soon   not arrives

ʒœ   vɛ   e lɑs   mu rir
je   vais,   hélas,   mourir!
I   am going   alas   to die

WERTHER

music: Jules Massenet

libretto: Edouard Blau, Georges Hartmann and Paul Milliet (after the novel *Die Leiden des jungen Werther* by Johann Wolfgang von Goethe)

Pourquoi me réveiller

pur kwa   mœ   re vɛ je
« Pourquoi   me   réveiller,
why   me   to awake

o   su flœ   dy   prɛ̃ tɑ̃
ô   souffle   du   printemps?
o   breath   of the   springtime

syr   mɔ̃   frɔ̃   ʒœ   sɑ̃
Sur   mon   front   je   sens
upon   my   brow   I   feel

tɛ   ka rɛ sœ
tes   caresses,
your   caresses

e   pur tɑ̃   bjɛ̃   prɔ
et   pourtant   bien   proche
and   yet   well   near

ʃɛ   lœ   tɑ̃   de   zɔ ra ʒœ
est   le   temps   des   orages
is   the   time   of the   storms

e   dɛ   tri stɛ sœ
et   des   tristesses!
and   of the   sadnesses

dœ mɛ̃   dɑ̃   lœ   va lɔ̃
Demain   dans   le   vallon
tomorrow   into   the   valley

vjɛ̃ dra lœ vwa ja ʒœr
viendra **le** **voyageur**
will come *the* *traveller*

sœ su vœ nã dœ ma glwa rœ prœ mjɛ rœ
se souvenant de **ma** **gloire** **première.**
remembering *my* *glory* *first*

e sɛ̯ zjø vɛ nœ mã
Et **ses** **yeux** **vainement**
and *his* *eyes* *in vain*

ʃɛr ʃœ rɔ̃ ma splã dœr
chercheront **ma** **splendeur.**
will search for *my* *splendor*

il nœ tru vœ rɔ̃ ply
Ils **ne** **trouveront** **plus**
they *not* *will find* *more*

kœ dœ̯ je kœ mi zɛ rœ
que **deuil** **et** **que** **misère!**
than *grief* *and* *than* *misery*

e lɑs
Hélas!
alas

pur kwa mœ re vɛ je
Pourquoi **me** **réveiller,**
why *me* *to awake*

o su flœ dy prɛ̃ tã
ô **souffle** **du** **printemps! »**
o *breath* *of the* *springtime*

ABOUT THE GERMAN IPA TRANSLITERATIONS
by Irene Spiegelman

TRANSLATIONS

As every singer has experienced, word-by-word translations are usually awkward, often not understandable, especially in German where the verb usually is split up with one part in second position of the main clause and the rest at the end of the sentence. Sometimes it is a second verb, sometimes it is a little word that looks like a preposition. Since prepositions never come by themselves, these are usually *separable prefixes to the verb*. In order to look up the meaning of the verb this prefix has to be reunited with the verb in order to find the correct meaning in the dictionary. They cannot be looked up by themselves. Therefore, in the word-by-word translation they are marked with [1]) and do not show any words.

Note: In verbs with separable prefixes, the prefix gets the emphasis. If a separable prefix appears at the end of the sentence, it still needs to be stressed and since many of them start with vowels they even might be glottaled for emphasis.

Also, there are many *reflexive verbs* in German that are not reflexive in English, also the reflexive version of a verb in German often means something very different than the meaning found if the verb is looked up by itself. Reflexive pronouns that are grammatically necessary but do not have a meaning by themselves do not show a translation underneath. They are marked with [2]).

Another difference in the use of English and German is that German is using the Present Perfect Tense of the verb where English prefers the use of the Simple Past of the verb. In cases like that, the translation appears under the conjugated part of the verb and none underneath the past participle of the verb at the end of the sentence. Those cases are marked with [3]).

One last note concerning the translations: English uses possessive pronouns much more often then German does. So der/die/das in German have at appropriate points been translated as my/your/his.

PRONUNCIATION (EXTENDED IPA SYMBOLS)

The IPA symbols that have been used for the German arias are basically those used in Langenscheidt dictionaries. Other publications have refined some symbols, but after working with young singers for a long time, I find that they usually don't remember which is which sign when the ones for long closed vowels (a and ɑ, or ʏ and y) are too close, and especially with the signs for the open and closed u-umlauts they usually cannot tell which they handwrote into their scores. To make sure that a vowel should be closed there is ":" behind the symbol, i.e. [by:p laɪn]

After having been encouraged to sing on a vowel as long as possible, often the consonants are cut too short. The rule is, **"Vowels can be used to make your voice shine, consonants will help your interpretation!"** This is very often is totally neglected in favor of long vowels, even when the vowels are supposed to be short. Therefore, double consonants show up here in the IPA line. This suggests that they should at least not be neglected. There are voiced consonants on which it is easy to sing (l, m, n) and often give the text an additional dimension. That is not true for explosive consonants (d, t, k), but they open the vowels right in front of them. So the double consonants in these words serve here as reminders. German does not require to double the consonants the way Italian does, but that Italian technique might help to move more quickly to the consonant, and therefore open the vowel or at least don't stretch it, which sometimes turns it into a word with a different meaning altogether.

One idea that is heard over and over again is: "There is no legato in German." The suggestions that are marked here with ⇨ in the IPA line show that **that is not true.** Always elided can be words ending in a vowel with the next word beginning with a vowel. Words that end with a -t sound can be combined with the next word that starts with a t- or a d-. A word ending in -n can be connected to the following beginning -n. But words ending in consonants can also be elided with the next word starting with a vowel. (example: Dann [dan⇨n] könnt' [kœn⇨n⇨] ich [⇨tɪç] mit [mɪt] Fürsten ['fʏr stən] mich ['mɛs⇨sən]). In this example, the arrow symbol suggests to use the double consonant, but also that the end-t in "könnt'" could be used at the beginning of "ich" which makes the word "ich" much less important (which it usually is in German), and could help to shape the words "Fürsten" und "messen" with more importance.

Within the IPA line, sometimes the "⇨" symbol is only at the end of a word and means that combining this word with the next is absolutely possible if it helps the interpretation of the text or the singer does not want to interrupt the beauty of the musical line. The same fact is true if the "⇨" symbol appears within a word and suggests combining syllables. (Since English syllables are viewed differently than German syllables, the IPA line is broken down into German syllables with suggestions for vocal combinations.) The only consonant that should not be combined with the next word is "r," because there are too many combinations that form new words (example: der Eine, the one and only, should not become [de: raɪ nə], the pure one).

One last remark about pronunciation that seems to have become an issue in the last few years: How does one pronounce the a-umlaut = ä. Some singers have been told in their diction classes that ä is pronounced like a closed e. That may be the case in casual language and can be heard on German television. But when the texts that we are dealing with were written the sound was either a long or short open e sound ['mɛː tçən, ʃpɛːt, 'hɛl tə].

Considering the language, how does one make one's voice shine and still use the text for a sensible interpretation? Look for the words within a phrase that are important to you as the interpreter, as the person who believes what he/she is conveying. In those words use the consonants as extensively as possible. [zzzeː llə] and [lllï: bə] are usually more expressive than [zeː lə] and [lï: bə] , also glottal the beginning vowels. Use the surrounding words for singing legato and show off the voice.

The IPA line not only shows correct pronunciation but is also giving guidelines for interpretation. For instance, R's may be rolled or flipped, or words may be connected or separated at any time as long as they help you with your feeling for the drama of the text. But you are the person who has to decide! Be discriminating! Know what you want to say! Your language will fit with the music perfectly.

THE "R" IN GERMAN DICTION

When most Germans speak an "r" in front of a vowel, it is a sound produced between the far back of the tongue and the uvula, almost like a gargling sound. The r's at the end of syllables take on different sounds and often have a vowel-like quality.

In classical singing, the practice is to use "Italian r's". Since trilling the r at the tip of the tongue seems to be easy for most singers, many texts are rendered with any overdone r's, which are remotely possible. As a result, the r's take over the whole text and diminish the meaning and phrasing of the sentences. By being discriminating in using rolled r's in an opera text, the phrasing, i.e. interpretation, as well as the chance of understanding the sung text can be improved.

Essentially, there are three categories of words with different suggestions about the use of r's:

ALWAYS ROLL THE R	END-R'S IN SHORT ONE-SYLLABLE WORDS	END-R'S IN PREFIXES AND SUFFIXES
a) before vowels: Rose ['ro: zə] tragen ['tra: gən] sprechen ['ʃprɛ: xən] Trug [tru:k] führen ['fy: rən] b) after vowels in the main syllable of the word: bergen ['bɛr gən] Herz [hɛrts] Schwert [ʃveːrt] durch [dʊrç] geworben [gə 'vɔr bən] hart [hart]	End-r's in short one-syllable words that have a closed vowel can be replaced with a short a-vowel, marked in the IPA line with ᵃ. der [deːᵃ] er [eːᵃ] wir [viːᵃ] hier [hiːᵃ] vor [foːᵃ] nur [nuːᵃ] **Note:** **After an a-vowel a replacement of r by ᵃ would not sound. Therefore end-r's after any a should be rolled.** **war [vaːr]** **gar [gaːr]**	Prefixes: ver- er- zer- Here, e and r could be pronounced as a schwa-sound, almost like a short open e combined with a very short ᵃ. If desired, the r could also be flipped with one little flip in order not to overpower the main part of the word which is coming up. In the IPA-line this is marked with ʀ. verbergen [fɛʀ 'bɛr gən] erklären [ɛʀ 'klɛː rən] Suffix: -er These suffixes are most of the time not important for the interpretation of the text. Therefore, the schwa-sound as explained above works in most cases very well. It is marked in the IPA-line with ɚ. e-Suffixes are marked with ə. guter ['gu: tɚ] gute ['gu: tə] Winter ['vɪn tɚ] Meistersinger ['maɪ stɚ sɪ ŋɚ] (compound noun, both parts end in -er)

DIE ENTFUHRÜNG AUS DEM SERAIL

music: Wolfgang Amadeus Mozart
libretto: Gottlieb Stephanie the younger (after a libretto by Christoph Friedrich Bretzner)

O wie ängstlich

kɔn 'stan tsə	dɪç	'vi: dɚ tsu: se: (h)ən		dɪç	
Constanze!	**Dich**	**wiederzusehen—**		**dich!**	
Constanze!	*you*	*to see again,*		*you!*	

o:	vi:	'ɛŋst lɪç	o:	vi:	'fɔy rɪç
O	**wie**	**ängstlich,**	**o**	**wie**	**feurig**
Oh,	*how*	*anxiously,*	*oh,*	*how*	*ardently*

klɔpft⇨	maɪn	'li: bə fɔl⇨ ləs	hɛrts
klopft	**mein**	**liebevolles**	**Herz!**
beats	*my*	*loving*	*heart!*

ʊnt⇨	dɛs	'vi: dɚ 'ze: (h)əns	'tsɛ: rə
Und	**des**	**Wiedersehens**	**Zähre**
And	*the*	*reunion's*	*tears*

loːnt	deːᵃ	'trɛn⇨ nʊŋ	'ba ŋən	ʃmɛrts
lohnt	**der**	**Trennung**	**bangen**	**Schmerz.**
reward	*the*	*separation's*	*anxious*	*pain.*

ʃoːn	tsɪt⇨	⇨trɪç	ʊnt	'van kə
Schon	**zittr'**	**ich**	**und**	**wanke;**
Already	*tremble*	*I*	*and*	*stagger;*

ʃoːn	tsaː⇨	⇨gɪç⇨	ʊnt⇨	'ʃvaŋ kə
schon	**zag'**	**ich**	**und**	**schwanke.**
already	*hesitate*	*I*	*and*	*shake.*

ɛs	heːp⇨	⇨tsɪç	diː	'ʃvɛl⇨ lən də	brʊst
Es	**hebt**	**sich**	**die**	**schwellende**	**Brust.**
(It)	*rises*	²)	*the*	*surging*	*breast.*

ɪst⇨	das⇨	iːᵃ	'lɪs pəln
Ist	**das**	**ihr**	**Lispeln?**
Is	*that*	*her*	*whisper?*

ɛs	vɪrt	miːᵃ	zoː	'ba ŋə
Es	**wird**	**mir**	**so**	**bange.**
It	*feels*	*to me*	*so*	*uneasy.*

vaːr	das⇨	iːᵃ	'zɔyf tsən
War	**das**	**ihr**	**Seufzen?**
Was	*that*	*her*	*sighing?*

ɛs	glyːt	miːᵃ	diː	va ŋə
Es	**glüht**	**mir**	**die**	**Wange.**
It	*glows*	*to me*	*the*	*cheeks.*

tɔyʃt	mɪç	diː	li: bə
Täuscht	**mich**	**die**	**Liebe,**
Deceives	*me*	*(the)*	*love?*

vaːr	ɛs	aɪn	traʊm
War	**es**	**ein**	**Traum?**
Was	*it*	*a*	*dream?*

Frisch zum Kampfe!

frɪʃ	tsʊm	'kam pfə
Frisch	**zum**	**Kampfe!**
Quick	*to the*	*battle!*

frɪʃ	tsʊm	'ʃtraɪ tə
Frisch	**zum**	**Streite!**
Quick	*to the*	*fight!*

nuːᵃ	aɪn	'faɪ gɚ	trɔpf⇨	fɛʀ 'tsakt
Nur	**ein**	**feiger**	**Tropf**	**verzagt.**
Only	*a*	*cowardly*	*fool*	*gives up.*

zɔl⇨	⇨lɪç	tsɪt⇨ tɚn
Soll'	**ich**	**zittern?**
Should	*I*	*tremble?*

zɔll⇨	⇨tɪç	'tsaː gən
Sollt'	**ich**	**zagen?**
Should	*I*	*hesitate?*

nɪçt⇨	maɪn	'leː bən	'muː tɪç	'vaː gən
Nicht	**mein**	**Leben**	**mutig**	**wagen?**
Not	*my*	*life*	*courageously*	*risk?*

naɪn	ax	naɪn
Nein.	**Ach**	**nein,**
No!	*Ah*	*no,*

ɛs⇨	zaɪ	gə 'vakt
es	**sei**	**gewagt!**
it	*shall be*	*risked!*

DIE LUSTIGEN WEIBER VON WINDSOR

music: Otto Nicolai

libretto: Hermann Salomon von Mosenthal (after the comedy by William Shakespeare)

Horch, die Lerche

hɔrx	diː	'lɛr çə	zɪŋt⇨	ɪm	haɪn
Horch,	**die**	**Lerche**	**singt**	**im**	**Hain!**
Listen,	*the*	*lark*	*is singing*	*in the*	*grove!*

'laʊ ʃə	'liː⇨ pçən	ʃtɪll
Lausche,	**Liebchen,**	**still.**
Listen,	*sweetheart,*	*quietly.*

'œf⇨f nə	zaxt⇨	daɪn	'fɛn stɚ laɪn
Öff'ne	**sacht**	**dein**	**Fensterlein;**
Open	*gently*	*your*	*little window*

'høː rə	vas⇨	ziː	vɪl⇨l
höre,	**was**	**sie**	**will.**
listen,	*what*	*it*	*desires.*

dɔy⇨tlɪç⇨	ɪst⇨	dɛs	'liː dəs	'toːn
Deutlich	**ist**	**des**	**Liedes**	**Ton;**
Clear	*is*	*the*	*song's*	*sound,*

veːᵃ	da	liːpt
wer	**da**	**liebt,**
whoever	*somewhere*	*loves*

fɛʀ 'ʃteːt⇒ iːn ʃoːn
versteht **ihn** **schon!**
understands *it* *surely.*

'høː rə viː deːᵃ 'mɪl də klaŋ
Höre, **wie** **der** **milde** **Klang,**
Listen, *how* *the* *gentle* *sound,*

'liː⇒ pçən zɪç tsuː diːᵃ ɛʀ 'heːpt
Liebchen, **sich** **zu** **dir** **erhebt.**
Sweetheart, ²) *to* *you* *rises.*

'fraː gə nɪçt vas deːᵃ gə 'zaŋ
Frage **nicht,** **was** **der** **Gesang,**
Ask *not,* *what* *the* *singing*

'tɔy rə 'zeːn zʊxts fɔll ɛʀ 'ʃtreːpt
Teure, **sehnsuchtsvoll** **erstrebt.**
dear one, *longingly* *strives for.*

²) Reflexive pronoun to the verb "sich erheben" (rise) which is not reflexive in English.

MARTHA

music: Friedrich von Flotow

libretto: Friedrich Wilhelm Riese (after a ballet-pantomime *Lady Henriette, ou La Servante de Greenwich* by St. Georges)

Ach, so fromm

ax zoː frɔm
Ach, **so** **fromm,**
Ah, *so* *innocent,*

ax zoː traʊt
Ach, **so** **traut**
ah, *so* *dear*

hat maɪn 'aʊ gə ziː ɛʀ 'ʃaʊt
hat **mein** **Auge** **sie** **erschaut.**
³) *my* *eyes* *her* *beheld.*

ax zoː mɪlt ʊn⇒ tsoː raɪn
Ach, **so** **mild** **und** **so** **rein**
Ah, *so* *gently* *and* *so* *purely*

draŋ iːᵃ bɪlt ɪns hɛrts miːᵃ aɪn
drang **ihr** **Bild** **in's** **Herz** **mir** **ein.**
penetrated *her* *image* *into the* *heart* *of mine.* ¹)

'ba ŋ⸳ graːm eː ziː kaːm
Banger **Gram,** **eh'** **sie** **kam,**
Sad *pain,* *before* *she* *came,*

hat⇒ diː 'tsuː kʊnft miːᵃ ʊm 'hʏlt
hat **die** **Zukunft** **mir** **umhüllt;**
³) *the* *future* *for me* *clouded;*

dɔx mɪt iːᵃ 'blyː tə miːᵃ
doch **mit** **ihr** **blühte** **mir**
but *with* *her* *bloomed* *for me*

'nɔy əs 'daː zaɪn 'lʊst ɛʀ 'fʏlt
neues **Dasein,** **lusterfüllt.**
(a) new *existence,* *joy filled*

veː ɛs ʃvant vas⇒ ɪç fant
Weh! Es schwand, was ich fand;
Woe, it vanished, what I found;

ax maɪn glʏk ɛʀ 'ʃaʊ⇒ ɪç kaʊm
ach, mein Glück erschaut' ich kaum—
ah, my happiness noticed I scarcely—

bɪn ɛʀ 'vaxt⇒ ʊnt⇒ diː naxt
bin erwacht, und die Nacht
[3]) *awoke, and the night*

'raʊp tə miːᵃ deːn 'zyː sən traʊm
raubte mir den süßen Traum.
robbed from me the sweet dream.

'mar taː 'mar taː
Martha, Martha!
Marta, Marta!

duː ən⇒ tʃvan dəst
Du entschwandest,
you disappeared,

ʊnt maɪn glʏk naːmst⇒ duː mɪt⇒ diːᵃ
und mein Glück nahmst du mit dir.
and my happiness took you with you.

giːp miːᵃ 'viː dɚ vas duː 'fan dəst
Gib mir wieder, was du fandest,
Return to me, [1]) what you found,

'oː dɚ 'taɪ lə ɛs mɪt miːᵃ
oder teile es mit mir.
or share it with me.

jaː mɪt miːᵃ
Ja, mit mir!
Yes, with me!

[1]) Separable prefix to the verbs "eindringen" (penetrate), "wiedergeben" (return)

[3]) Present Perfect tense of the verb in German is mostly translated with Simple Past of the verb in English:
hat erschaut = beheld
hat umhüllt = clouded
bin erwacht = awoke

DIE ZAUBERFLÖTE

music: Wolfgang Amadeus Mozart
libretto: Emanuel Schikaneder (loosely based on a fairy tale by Wieland)

Dies Bildnis ist bezaubernd schön

di:s	'bɪlt nɪs	ɪst⇒	bə 'tsaʊ bɚnt	ʃø:n
Dies	**Bildnis**	**ist**	**bezaubernd**	**schön,**
This	*portrait*	*is*	*enchantingly*	*beautiful,*

vi:	nɔx	kaɪn	'aʊ gə	je:	gə 'ze:n
wie	**noch**	**kein**	**Auge**	**je**	**gesehn!**
as	*so far*	*no*	*eye*	*ever*	*beheld!*

ɪç	fy:⇒	⇒lɛs	vi:	di:s	'gœt⇒ tɚ 'bɪlt
Ich	**fühl'**	**es,**	**wie**	**dies**	**Götterbild**
I	*feel*	*it*	*how*	*this*	*godlike image*

maɪn	hɛrts	mɪt	'nɔy ɚ	're: gʊŋ	fʏllt
mein	**Herz**	**mit**	**neuer**	**Regung**	**füllt.**
my	*heart*	*with*	*new*	*emotion*	*fills.*

di:s	'ɛt vas	kan⇒	⇒nɪç	tsva:r	nɪçt⇒	'nɛn⇒ nən
Dies	**Etwas**	**kann**	**ich**	**zwar**	**nicht**	**nennen;**
This	*something*	*can*	*I*	*really*	*not*	*name;*

dɔx	fy:⇒	⇒lɪç⇒	⇒s hi:ᵃ	vi:	'fɔy ɚ	'brɛn⇒ nən
doch	**fühl**	**ich's**	**hier**	**wie**	**Feuer**	**brennen.**
but	*feel*	*I it*	*here*	*like*	*fire*	*burn.*

zɔll	di:	ɛm 'pfɪn dʊŋ	'li: bə	zaɪn
Soll	**die**	**Empfindung**	**Liebe**	**sein?**
Could	*this*	*sensation*	*love*	*be?*

ja ja	di:	'li: bə	ɪsts	al⇒ laɪn
Ja, ja!	**Die**	**Liebe**	**ist's**	**allein.**
Oh yes!	*(The)*	*love*	*is it*	*alone.*

o:	vɛn⇒	⇒nɪç	zi:	nu:ᵃ	'fɪn dən	'kœnn tə
O	**wenn**	**ich**	**sie**	**nur**	**finden**	**könnte!**
Oh,	*if*	*I*	*her*	*only*	*find*	*could!*

o: vɛn	zi:	dɔx	ʃo:n	fo:ᵃ	mi:ᵃ	'ʃtɛn də
O wenn	**sie**	**doch**	**schon**	**vor**	**mir**	**stände!**
Oh, if	*she*	*already*	*only*	*before*	*me*	*stood!*

ɪç	'vʏr də	varm	ʊnt	raɪn
Ich	**würde...**	**warm**	**und**	**rein—**
I	*would...*	*warmly*	*and*	*chastely—*

vas	'vʏr də	ɪç
was	**würde**	**ich?**
What	*would*	*I*

ɪç	'vʏr də	zi:	fɔll	ɛnt⇒ tsʏk⇒kən
Ich	**würde**	**sie**	**voll**	**Entzücken**
I	*would*	*her*	*full of*	*delight*

an	di: zən	'haɪ sən	'bu: zən	drʏk⇒ kən
an	**diesen**	**heißen**	**Busen**	**drücken,**
to	*this*	*burning*	*breast*	*press*

ʊnt	'e: vɪç	'vɛ: rə	zi:	dann	maɪn
und	**ewig**	**wäre**	**sie**	**dann**	**mein.**
and	*eternally*	*would be*	*she*	*than*	*mine.*

THE INTERNATIONAL PHONETIC ALPHABET FOR ENGLISH

An overview of all the sounds found in American Standard (AS),
British Received (RP), and Mid-Atlantic (MA) Pronunciations.
by Kathryn LaBouff

CONSONANTS:

The following symbols are identical to the letters of our English (Roman) Alphabet:

[b], [d], [f], [g], [h], [k], [l], [m], [n], [p], [s], [t], [v], [w], [z]

The symbols below are NEW symbols added because no corresponding symbols exist in the Roman alphabet:

SYMBOL	KEY WORDS
[ŋ]	sing, think
[θ]	thin, thirst
[ð]	thine, this
[ʍ]	whisper, when
[j]	you, yes
[ʃ]	she, sure
[tʃ]	choose, church
[ʒ]	vision, azure
[dʒ]	George, joy
[ɹ]	red, remember, every (the burred r)
[ʀ]	righteousness, great, realm (rolled r)
[r]	very, far away, forever (flip r used between vowels)

VOWELS:

SYMBOL	KEY WORDS
[ɑ]	father, hot ("o" spellings in AS only)
[ɛ]	wed, many, bury
[ɪ]	hit, been, busy
[i]	me, chief, feat, receive
[ɨ]	pretty, lovely
[t̪]	cat, marry, ask**, charity
[u]	too, wound, blue, juice
[ju]	view, beautiful, usual, tune
[ɯ]	book, bosom, cushion, full
[o]	obey, desolate, melody (unstressed syllables only)
[ɒ]	on, not, honest, God (RP & MA only)*
[ɔ]	awful, call, daughter, sought (AS)
[ǫ]	awful, call, daughter, sought (RP & MA)
[ɜ˞]	learn, burn, rehearse, journey (AS)
[ɜʳ]	learn, burn, rehearse, journey (RP & MA)
[ɚ]	father, doctor, vulgar, elixir (AS)
[əʳ]	father, doctor, vulgar, elixir (RP & MA)
[ʌ]	hum, blood, trouble, judge (stressed syllables)
[ə]	sofa, heaven, nation, joyous (unstressed syllables)

*The use of rolled and flipped R's and the short open o vowel are used in the British RP British and Mid-Atlantic dialect. They should not be used in American Standard dialect.

**[ɜ˞ and [ɚ] are the r colored vowels characteristic of American Standard Pronunciation, AS.

[ɜʳ] and [əʳ] are the REDUCED r colored vowels found in British RP, and Mid-Atlantic, MA Pronunciations.

DIPHTHONGS:

SYMBOL	KEY WORDS
[aɪ]	night, buy, sky
[eɪ]	day, break, reign
[ɔɪ]	boy, voice, toil
[oʊ]	no, slow, reproach
[aʊ]	now, about, doubt
[ɛɚ]	air, care, there (AS)
[ɛəʳ]	air, care, there (RP & MA)
[ɪɚ]	ear, dear, here, tier (AS)
[ɪəʳ]	ear, dear, here, tier (RP & MA)
[ɔɚ]	pour, four, soar, o`er (AS)
[ɔəʳ]	pour, four, soar, o`er (RP & MA)
[ʊɚ]	sure, tour, poor (AS)
[ʊəʳ]	sure, tour, poor (RP & MA)
[ɑɚ]	are, heart, garden (AS)
[ɑəʳ]	are, heart, garden (RP & MA)

TRIPHTHONGS:

SYMBOL	KEY WORDS
[aɪɚ]	fire, choir, admire (AS)
[aɪəʳ]	fire, choir, admire (RP & MA)
[aʊɚ]	our, flower, tower (AS)
[aʊəʳ]	our, flower, tower (RP & MA)

ADDITIONAL SYMBOLS:

['] A diacritical mark placed before a syllable that has primary stress.

[ˌ] A diacritical mark placed before a syllable that has secondary stress.

[ɾ] A flapped t or d. It is produced by flapping the tongue against the gum ridge. It is very characteristic of medial t's and d's in coloquial and southern American accents.

[ʔ] A glottalized consonant, usually final or medial t's and d's. It is characteristic of conversational speech patterns in English. Ex: that day- thaʔ day   had done- haʔ done

[(ʊ)] An off glide symbol. A weak extra vowel sounded after a primary vowel that is characteristic of certain Southern American accents.

GENERAL NOTES:

The texts in this guide have been transcribed into three primary pronunciations: American Standard, British Received and Mid-Atlantic Pronunciations. American Standard is a neutralized pronuncation of American English that is used for the American stage. British Received Pronunciation is an upper class pronunciation that is the performance standard for British works in the United Kingdom. Mid-Atlantic is a hybrid pronunciation that combines elements of both British and North American pronunciation. Some other variants found in this guide are for colloquial American or American Southern accents.

The standard performance practice for these arias was taken into consideration. The transcriptions were based on the character who sings them, the setting of the opera, and the geographic origin of the works. In general, if the composer and/or the text are North American, then the text is transcribed into American Standard pronunciation or one of the American variants. If the composer and or the text are British, then the text is transcribed into British Received Pronunciation. If the composer is North American but the text is British, then the text is transcribed into Mid-Atlantic. These are guidelines. The pronunciations can be modified to accommodate the production values of a specific operatic production or individual artistic taste.

PAUL BUNYAN

music: Benjamin Britten
libretto: W.H. Auden

Inkslinger's Song

In Colloquial American pronunciation:

ɪʔ waz aʊɾ ɪn ðə stɪks ðæʔ ðə faɪɚ
It was out in the sticks that the fire

əv maɪ ɪgˈzɪstəns biˈgæn
Of my existence began,

ʍɛɚ noʊ wʌn hæd hɜ˞d ðə məˈsaɪə
Where no one had heard the Messiah

ænd noʊ wʌn hæd sin ə seˈzæn
And no one had seen a Cézanne.

aɪ lɜ˞nd ə pɹoʊz staɪl fɹʌm ðə ˈpɹitʃɚ
I learned a prose style from the preacher

ænd ðə fækts əv laɪf fɹʌm ðə hɛnz
And the facts of life from the hens,

ænd fɛl ɪn lʌv wɪð ðə titʃɚ
And fell in love with the teacher

huz lʌv fɔɚ dʒɑn kits waz ɪnˈtɛns
Whose love for John Keats was intense.

ænd aɪ dɹimd əv ˈɹaɪɾɪŋ ə ˈnɑvəl
And I dreamed of writing a novel

wɪð wɪtʃ toʊlstɔɪ kʊdən? kəmˈpit
With which Tolstoi couldn't compete

ænd əv haʊ ɔl ðə kɹɪɾɪks wʊʔ gɹɑvəl
And of how all the critics would grovel:

bʌɾ aɪ gɛs ðæɾ ə gaɪ gɑɾə ɪt
But I guess that a guy gotta eat.

aɪ kən θɪŋk əv mʌtʃ ˈnaɪsɚ pɹəˈfɛʃənz
I can think of much nicer professions

ðæn ˈkipɪŋ ə ˈlɛdʒɚ kəˈɹɛkt
Than keeping a ledger correct,

sʌtʃ æz ˈɹaɪɾɪŋ maɪ ˈpɹaɪvɪt kənˈfɛʃənz
Such as writing my private confessions

ɔɚ pɹəˈkjʊɹɪŋ ə fɹɔg tʊ daɪˈsɛkt
Or procuring a frog to dissect.

ˈlɜ˞nɪŋ ˈsænˈskɹɪʔ wʊʔ bi mɔɚ əˈmjuzɪŋ
Learning Sanskrit would be more amusing

ɔɚ ˈstʌdiɪŋ ðə ˈhɪstɹi əv speɪn
Or studying the history of Spain.

ænd   hæd   aɪ   ðə   ˈpɑʊɚ   əv   ˈtʃuzɪŋ
And,   had   I   the   power   of   choosing,

aɪ   wʊd   lɪv   ɑn   ðə   bæŋks   əv   ðə   seɪn
I   would   live   on   the   banks   of   the   Seine.

aɪ   wʊʔ   peɪnʔ   seɪnʔ   səˈbæstʃən   ðə   ˈmɑɚɾɚ
I   would   paint   St.   Sebastian   the   Martyr,

ɔɚ   dɪg   ʌp   ðə   ˈtempəlz   əv   kɹit
Or,   dig   up   the   temples   of   Crete,

ɔɚ   kəmˈpoʊz   ə   di   ˈmeɪdʒɚ   səˈnɑɾə
Or   compose   a   D-   major   Sonata:

bʌɾ   aɪ   gɛs   ðæɾ   ə   gaɪ   gɑɾə   it
But   I   guess   that   a   guy   gotta   eat.

ðə   ˈkʌmpəni̇   aɪ   hæv   tʊ   spiʔ   tu
The   company   I   have   to   speak   to

ɑɚ   ˈwʌndɚfəl   mɛn   ɪn   ðɛɚ   weɪ
Are   wonderful   men   in   their   way,

bʌʔ   ðə   θɪŋz   ðæʔ   dəˈlaɪt   mi   ɑɚ   gɹiʔ   tu
But   the   things   that   delight   me   are   Greek   to

ðə   dʒæks   hu   hɔl   ˈlʌmbɚ   ɔl   deɪ
The   Jacks   who   haul   lumber   all   day.

ɪt   ˈɪzənʔ   biˈkʌz   aɪ   doʊnʔ   lʌv   ðɛm
It   isn't   because   I   don't   love   them

ðæt   ðɪs   kæmp   ɪz   ə   ˈpɹɪzən   tʊ   mi
That   this   camp   is   a   prison   to   me,

nɔɚ   du   aɪ   θɪŋk   aɪm   əbʌv   ðɛm
Nor   do   I   think   I'm   above   them

ɪn   loʊðɪŋ   ðə   saɪt   əv   ə   tɹi
In   loathing   the   sight   of   a   tree.

oʊ   bʌʔ   wɛɚ   ɑɚ   ðoʊz   bjuɾɪfəl   pleɪsəz
Oh,   but   where   are   those   beautiful   places

wɛɚ   wʌʔ   ju   biˈgɪn   jʊ   kəmˈplit
Where   what   you   begin   you   complete,

wɛɚ   ðə   dʒɔɪ   ʃaɪnz   ɑʊt   əv   mɛnz   ˈfeɪsɪz
Where   the   joy   shines   out   of   men's   faces,

ænd   ɔl   gɪʔ   səˈfɪʃənʔ   tʊ   it
And   all   get   sufficient   to   eat?

THE SAINT OF BLEECKER STREET
music and libretto: Gian Carlo Menotti

I know that you all hate me
In American Standard Pronunciation:

aɪ noʊ ðæt ju ɔl heɪt mi
I know that you all hate me.

fɔɚ ju aɪ ˈɔlˈweɪz wɑz ðə ˈɹɛbəl ænd ðə ˈkɝ·səd wʌn
For you, I always was the rebel and the cursed one.

sɪns aɪ wɑz ə tʃaɪld juv ˈɔlˈweɪz ˈheɪtəd mi
Since I was a child you've always hated me,

bɪˈkɔz aɪ ˈnɛvɚ æskt fɔɚ lʌv ˈoʊnli ˌʌndɚˈstændɪŋ
because I never asked for love, only understanding.

ʌɑt ɹaɪt hæv ju tu dʒʌdʒ mi
What right have you to judge me?

lʊk æt jɔɚˈsɛlvz
Look at yourselves!

ɔlˈðoʊ ju meɪd ðɪs lænd jɔɚ hoʊm
Although you made this land your home,

ju lɪv laɪk ˈstɹeɪndʒɚz
you live like strangers.

ju ɑɚ əˈʃeɪmd tu seɪ aɪ wɑz iˈtaljən
You are ashamed to say: "I was Italian."

ænd fɔɚ sʌtʃ lɪtəl geɪn ju soʊld jɔɚ noʊbəl eɪntʃənt dɹimz
And for such little gain you sold your noble, ancient dreams.

aɪ kænɑʔ smaɪl æt jɔɚ kɑntɛntmɛnt
I cannot smile at your contentment,

nɔɚ ʃɛɚ jɔɚ ˈlɪtəl ˈaɪlənd əv dɪˈfit
nor share your little island of defeat.

aɪ du wɑnʔ tu bɪlɔŋ bɪlɔŋ tu ðɪs nju wɝ·ld
I do want to belong, belong to this new world.

aɪ doʊnʔ wɑnʔ tu bi toʊld
I don't want to be told:

ju ˈfɔɹɪnɚ goʊ bæk ʌɛɚ ju hæv kʌm fɹʌm
"You foreigner, go back where you have come from!

ju ˈfɔɹɪnɚ goʊ bæk tu jɔɚ oʊld hoʊm
You foreigner, go back to your old home."

maɪ hoʊm ʌɛɚ ɪz maɪ hoʊm
My home... Where is my home?

ðeɪ tɛl mi ðæʔ ði iˈtaljən ʃɔɚ blumz laɪk ə ˈgɑɚdən
They tell me that the Italian shore blooms like a garden.

52

ðeɪ	tɛl	mi	ðæʔ	ˈnouˈʍɛɚ	ðə	siz	sou	blu
They	tell	me	that	nowhere	the	sea's	so	blue.

ðæɾ	taʊnz	ɑɚ	bɪlt	əv	stounz	ouldɚ	ðæn	sɑɹou
that	towns	are	built	of	stones	older	than	sorrow,

ʍɛɚ	mɛn	stɪl	lɪv	ænd	daɪ
where	men	still	live	and	die,

jɛs	vɛɹi	pʊɚ	bʌʔ	pɹaʊd
yes,	very	poor	but	proud.

pɚˈhæps	ɪf	aɪ	kʊd	si	dʒʌst	wʌns
Perhaps	if	I	could	see	just	once

ðæt	sæʔ	swiʔ	ˈkʌntɹɨ
that	sad,	sweet	country,

aɪ	wʊd	bi	pɹaʊd	tu	seɪ	aɪ	æm	iˈtaljən
I	would	be	proud	to	say:	"I	am	Italian,"

ænd	wʊd	fɔɚˈgɛt	jɔɚ	aɪz
and	would	forget	your	eyes.

teɪk	jɔɚ	waɪn
Take	your	wine.

STREET SCENE
music: Kurt Weill
book: Elmer Rice
lyrics: Langston Hughes (based on the play by Elmer Rice)

Lonely House
In American Standard Pronunciation:

æʔ	naɪt	ʍɛn	ˈɛvɹɨˈθɪŋ	ɪz	ˈkwaɪət
At	**night**	**when**	**ev'rything**	**is**	**quiet**

ðɪs	oʊld	hɑʊs	simz	tu	bɹɪð	ə saɪ
This	**old**	**house**	**seems**	**to**	**breathe**	**a sigh.**

ˈsʌmˈtaɪmz	aɪ	hɪɚ	ə	ˈneɪbɚ	ˈsnɔɹɪŋ
Sometimes	**I**	**hear**	**a**	**neighbor**	**snoring,**

ˈsʌmˈtaɪmz	aɪ	hɪɚ	ə	ˈbeɪbɨ	kɹaɪ
Sometimes	**I**	**hear**	**a**	**baby**	**cry.**

ˈsʌmˈtaɪmz	aɪ	hɪɚ	ə	ˈstɛɚˈkeɪs	ˈkɹikɪŋ
Sometimes	**I**	**hear**	**a**	**staircase**	**creaking,**

ˈsʌmˈtaɪmz	ə	ˈdɪstənt	ˈtɛləˈfoʊn
Sometimes	**a**	**distant**	**telephone.**

ðɛn	ðə	ˈkwaɪət	ˈsɛɹəlz	dɑʊn	əˈgɛn
Then	**the**	**quiet**	**settles**	**down**	**again…**

ðə	hɑʊs	ænd	aɪ	aɚ	ɔl əˈloʊn
The	**house**	**and**	**I**	**are**	**all alone.**

ˈloʊnlɨ	hɑʊs	ˈloʊnlɨ	mi
Lonely	**house,**	**lonely**	**me!**

ˈfʌnɨ	wɪθ	soʊ	ˈmɛnɨ	ˈneɪbɚz
Funny…	**with**	**so**	**many**	**neighbors,**

hɑʊ	ˈloʊnlɨ	ɪt	kæn	bi
How	**lonely**	**it**	**can**	**be!**

oʊ	ˈloʊnlɨ	stɹit	ˈloʊnlɨ	tɑʊn
Oh	**lonely**	**street!**	**Lonely**	**town!**

ˈfʌnɨ	ju	kæn	bi	soʊ	ˈloʊnlɨ
Funny…	**you**	**can**	**be**	**so**	**lonely**

wɪð	ɔl	ðoʊz	foʊks	əˈɹɑʊnd
with	**all**	**those**	**folks**	**around.**

aɪ	gɛs	ðɛɚ	mʌst	bi	ˈsʌmθɪŋ
I	**guess**	**there**	**must**	**be**	**something**

aɪ	doʊnʔ	ˌkɑmpɹɪˈhɛnd
I	**don't**	**comprehend…**

ˈspæɹoʊz	hæv	kəmˈpænjənz
Sparrows	**have**	**companions,**

ˈivən	stɹeɪ	dɔgz	faɪnd	ə fɹɛnd
Even	**stray**	**dogs**	**find**	**a friend.**

ðə   naɪt   fɔɚ   mi   ɪz   nɑʔ   ɹoˈmæntɪk
The   night   for   me   is   not   romantic.

ˈʌnˈhʊk   ðə   stɑɚz   ænd   teɪk   ðəm   dɑʊn
Unhook   the   stars   and   take   them   down.

aɪm   ˈloʊnli̇   ɪn   ðɪs   ˈloʊnli̇   hɑʊs
I'm   lonely   in   this   lonely   house…

ɪn   ðɪs   ˈloʊnli̇   tɑʊn
In   this   lonely   town.

THE TEMPEST

music: Lee Hoiby
libretto: Mark Schulgasser (after the play by William Shakespeare)

Be not afeard

In Mid-Atlantic Pronunciation:

bi nɒt əˈfɪəʳd
Be not afeard,

ði aɪl ɪz fʊl ɒv ˈnɔɪzɪz
the isle I full of noises,

saʊndz ænd swit ɛəʳz
sounds and sweet airs,

ðæt gɪv dɪˈlaɪt ænd hɜʳt nɒt
that give delight, and hurt not.

ˈsʌmˈtaɪmz ə ˈθaʊzənd ˈtwæŋglɪŋ ˈɪnstɹʊmənts
Sometimes a thousand twangling instruments

wɪl hʌm əbaʊt maɪn ɪəʳz
will hum about mine ears,

ænd ˈsʌmˈtaɪm ˈvɔɪsɪz ðæt ɪf aɪ ðɛn hæd weɪkt
And sometime voices, that, if I then had wak'd

ˈaftəʳ lɒŋ slip wɪl meɪk mi slip əˈgɛn
after long sleep, will make me sleep again:

ænd ðɛn ɪn ˈdʀʌimɪŋ
and then, in dreaming,

ðə klaʊdz mi θɔt wʊd ˈoʊpən ænd ʃoʊ ˈʀʌitʃɪz
the clouds me thought would open and show riches

ˈʀʌedɨ tu dʀʌɒp əˈpɒn mi
ready to drop upon me,

ðæt ʍɛn aɪ weɪkt aɪ kʀʌaɪd tu dʀʌim əˈgɛn
that when I wak'd, I cried to dream again.

VANESSA
music: Samuel Barber
libretto: Gian Carlo Menotti

Outside this house
In American Standard Pronunciation:

ˈaʊtˈsaɪd ðɪs haʊs ðə wɝ·ld hæz tʃeɪndʒd
Outside this house the world has changed.

laɪf ɪz ˈswɪftɚ ðæn bɪˈfɔɚ
Life is swifter than before;

ðɛɚ ɪz noʊ taɪm fɔɚ ˈaɪdəl ˈdʒɛstʃɚz
there is no time for idle gestures.

aɪ ˈkænat ˈɔfɚ ju ɪˈtɝ·nəl lʌv
I cannot offer you eternal love

fɔɚ wi hæv lɝ·nd tʊˈdeɪ
for we have learned today

sʌtʃ wɝ·dz aɚ laɪz
such words are lies.

bʌt də bɹif ˈplɛʒɚ əv ˈpæʃən jɛs
But the brief pleasure of passion, yes,

ænd swit lɔŋ ˈfɹɛndˈʃɪp
and sweet, long friendship.

hu kæn ɹɪˈzɪst jɔɚ ˈdʒɛntəl ˈbjuti ˈɛɹɪkə
Who can resist your gentle beauty, Erika?

oʊ haʊ ˈhæpɨ wi kʊd bi tʊˈgeðɚ
Oh, how happy we could be together!

du ju noʊ ˈpæɹɪs æn ɹoʊm
Do you know Paris and Rome,

ˈbudəˌpɛst ænd viˈɛnə
Budapest and Vienna?

ðə ˈvɛlvɪt ɹumz fɔɚ ˈdʒuwʊld ˈsʌpɚz
The velvet rooms for jeweled suppers,

ðə koʊst əv speɪn fɔɚ ˈsɑlɪtjud
the coast of Spain for solitude,

ðə ˈgɪldɛd gɹænd hoˈtɛlz fɔɚ ˈdænsɪŋ
the gilded Grand Hotels for dancing,

ðə glæs ænd ˈmɑɚbəl ˈsteɪʃənz fɔɚ ˈgʊdˈbaɪz
the glass and marble stations for goodbyes?

ðɪs wi kʊd ʃɛɚ tʊˈgeðɚ ɪf ju ækˈsɛpt maɪ lʌv
This we could share together if you accept my love

ænd hu noʊz maɪ lʌv maɪt læst fəˈɹɛvɚ ˈɛɹɪkə
and, who knows, my love might last forever, Erika.

laɪf ɪz soʊ bɹif
Life is so brief.

ABOUT THE RUSSIAN IPA TRANSLITERATIONS
by David Ivanov

Following is a table of pronunciation for Russian diction in singing as transliterated in this volume. While the IPA is currently the diction learning tool of choice for singers not familiar with the foreign languages in which they sing, differences exist in transliterations, just as differences of pronunciation exist in the Russian language itself. Research from authoritative published sources as well as sensitivity to how the words interact with the music should guide the singer to the final result.

THE VOWELS

symbol	nearest equivalent in English	descriptive notes
[ɑ]	arm	
[ɛ]	met	
[i]	heat	
[o]	go	pure [o], not [oʊ]
[u]	put	
[ə]	about	
[ɨ]	not an English sound	pronounce as a throaty form of [i]

THE CONSONANTS

symbol	nearest equivalent in English
[b]	bank
[bʲ]	beautiful
[d]	dog
[dʲ]	adieu (French)
[f]	fat
[fʲ]	fume
[g]	gate
[gʲ]	legume
[k]	can
[kʲ]	cue
[l]	lot
[lʲ]	laugh
[m]	mat
[mʲ]	mule
[n]	not
[nʲ]	news
[p]	pin
[pʲ]	pure
[r]	flipped [r]
[rʲ]	flipped [r] in palatalized position
[s]	sat
[sʲ]	see
[t]	top
[tʲ]	costume
[v]	vat
[vʲ]	review
[x]	ach (German)
[xʲ]	not an English sound
[tʃ]	chair
[ʃtʃ]	mesh chair
[ʃ]	mesh
[ʒ]	measure

EUGENE ONEGIN

music: Pyotr Il'yich Tchaikovsky
libretto: Knstantin Shilovsky and Pyotr Il'yich Tchaikovsky (after a poem by Alexander Pushkin)

Kuda, kuda, kuda vy udalilis'
(Lenski's Aria)

ku ˈda	ku ˈda	ku ˈda	vɨ	u da ˈlʲi lʲisʲ
Куда,	**куда,**	**куда**	**вы**	**удались**
Where,	*where,*	*to where*	*you*	*have fled*

vʲis ˈnɨ	ma ˈjɛi	zla ˈtɨ jə	dnʲi
весны	**моей**	**златые**	**дни?**
of springtime	*my*	*golden*	*days?*

ʃto	dɛnʲ	grʲi ˈdu ʃtʃi	mnʲɛ	ga ˈto vʲit
Что	**день**	**грядущий**	**мне**	**готовит?**
What	*day*	*coming*	*for me*	*will prepare?*

ji ˈvo	moi	vzor	nap ˈras nə	la ˈvʲitʲ
Его	**мой**	**взор**	**напрасно**	**ловить;**
It	*my*	*glance*	*in vain*	*is grasping;*

v	glu ˈbo kəi	tʲmʲɛ	ta ˈit sʲə	on
в	**глубокой**	**тьме**	**таится**	**он!**
in	*deep*	*darkness*	*is hiding*	*itself!*

nʲɛt	ˈnuʒ dɨ	praf	sudʲ ˈbɨ	za ˈkon
Нет	**нужды;**	**прав**	**судьбы**	**закон!**
(There is)	*no matter;*	*is just*	*of fate*	*law!*

ˈpa du	lʲi	ja	strʲi ˈloi	pran ˈzʲo nːɨ
Паду	**ли**	**я**	**стрелой**	**пронзённый,**
Will fall	*whether*	*I*	*with arrow*	*pierced,*

ilʲ	ˈmʲi mə	prə lʲi ˈtʲitʲ	ɑ ˈnɑ
иль	**мимо**	**пролетить**	**она,**
or	*by*	*flies*	*it,*

fsʲo	ˈbla gə	ˈbdʲɛ nʲi jə	i	snɑ
всё	**благо:**	**бдения**	**и**	**сна**
all	*is well:*	*of waking*	*and*	*sleep*

prʲi ˈxo dʲit	tʃas	ap rʲi dʲi ˈlo nːɨ
приходит	**час**	**определённый!**
comes	*hour*	*appointed!*

blə gəs la ˈvʲɛn	i	dʲɛnʲ	za ˈbot
Благословен	**и**	**день**	**забот,**
Is blessed	*both*	*day*	*of cares,*

blə gəs la ˈvʲɛn	i	tʲmɨ	prʲi ˈxot
благословен	**и**	**тьмы**	**приход!**
is blessed	*(and)*	*of darkness*	*fall!*

blʲis ˈnʲɛt	za ˈut rə	lutʃ	dʲi ˈnʲːi tsɨ
Блеснет	**заутра**	**луч**	**денницы**
Will shine	*tomorrow morning*	*ray*	*of dawn*

i	zə ig ˈra jit	ˈjar kʲi	dʲɛnʲ
и	**заиграет**	**яркий**	**день,**
and	*will sparkle*	*brilliant*	*day,*

ɑ	ja	bɨtʲ	ˈmo ʒit	ja	grʲab ˈnʲi tsɨ
а	**я,**	**быть**	**может...**	**я**	**гробницы**
and	*I,*	*perhaps*	*may...*	*I*	*of tomb's*

sai 'du f tɑ 'inst vʲi nːu ju sʲɛnʲ
сойду в таинственную сень!
descend into mysterious protection!

i 'pɑ mʲətʲ 'ju nə və pɑ 'ɛ tə
И память юного поэта
And memory of young poet

pɑg 'lo tʲit 'mʲɛd lʲi nːə jə 'lʲɛ tə
поглотит медленная лета,
will engulf slow Lethe,

zɑ 'bu dʲit mʲir mʲi 'nʲɑ no tɨ
забудет мир меня, но ты!
will forget world me, but you!

tɨ 'olʲ gə
ты, Ольга!
you, Olga!

skɑ 'ʒi prʲi 'doʃ lʲi 'dɛ və krɑ 'so tɨ
Скажи, придёшь ли, дева красоты,
Tell, will you come, maid of beauty,

slʲi 'zu prɑ 'lʲitʲ nat 'rɑ nʲːi 'ur nəi
слезу пролить над ранней урной
tear to shed over early urn

i 'du mətʲ on mʲi 'nʲɑ lʲu 'bʲil
и думать: он меня любил!
and think: he me loved!

on mnʲɛ ji 'dʲi nəi pəs vʲi 'til
Он мне единой посвятил
He to me alone consecrated

rɑs 'vʲɛt pʲi 'tʃɑlʲ nɨ 'ʒiz nʲi 'bur nəi
рассвет печальный жизни бурной!
daybreak mournful of life stormy!

ɑx 'olʲ gə jɑ tʲi 'bʲɑ lʲu 'bʲil
Ах, Ольга, я тебя любил,
Ah, Olga, I you loved,

tʲi 'bʲɛ ji 'dʲi nəi pəs vʲi 'tʲil
тебе единой посвятил
to you alone consecrated

rɑs 'vʲɛt pʲi 'tʃɑlʲ nɨ 'ʒiz nʲi 'bur nəi
рассвет печальный жизни бурной,
daybreak mournful of life stormy,

ɑx 'olʲ gə jɑ tʲi 'bʲɑ lʲu 'bʲil
ах, Ольга, я тебя любил!
ah, Olga, I you loved!

sʲir 'dʲɛʃ nɨ druk ʒi 'lɑ nːɨ druk
Сердечный друг, желанный друг,
Beloved friend, desired friend,

prʲi 'dʲi prʲi 'dʲi
приди, приди!
come, come!

ʒi ˈlɑ nːɨ   druk
Желанный   друг,
Desired   friend,

prʲi ˈdʲi   ja   tvoi   sup ˈruk
приди,   я   твой   супруг,
come,   I am   your   spouse,

prʲi ˈdʲi   prʲi ˈdʲi
приди,   приди!
come,   come!

ja   ʒdu   tʲi ˈbɑ   ʒi ˈlɑ nːɨ   druk
Я   жду   тебя,   желанный   друг.
I   wait for   you,   desired   friend.

prʲi ˈdʲi   prʲi ˈdʲi   ja   tvoi   sup ˈruk
Приди,   приди,   я   твой   супруг!
Come,   come,   I am   your   spouse!

ku ˈdɑ   ku ˈdɑ   ku ˈdɑ   vɨ   u dɑ ˈlʲi lʲisʲ
Куда,   куда,   куда   вы   удалились,
Where,   where,   to where   you   have fled,

zlɑ ˈtɨ jə   dnʲi   zlɑ ˈtɨ jə   dnʲi   mɑ ˈjɛi   vʲis ˈnɨ
златые   дни,   златые   дни   моей   весны!
golden   days,   golden   days   mine   of springtime!